Esoterik

Herausgegeben von Gerhard Riemann

Paramahansa Yogananda wurde als das vierte von acht Kindern 1893 in Gorakhpur, im Nordosten Indiens, geboren. Von klein auf konzentrierte er sich, betreut von seinem Meister Sri Yukteswar, auf Meditation, Philosophie und Spiritualität. 1920 ging er, einer Vision folgend, als erster indischer Yogi in den Westen und gründete Anfang der 30er Jahre die Self-Realization Fellowship, von der bis heute Lehrbriefe über die Technik des Kriya-Yoga verschickt werden.

Von Paramahansa Yogananda sind außerdem erschienen:

Autobiographie eines Yogi – Übersetzung der Originalausgabe von »Autobiography of a Yogi« aus dem Jahre 1946 (Band 86109)
Das Wissen der Meister (Band 86071)
Paramahansa Yogananda interpretiert die Rubaijat des Omar Chajjam (Band 86111)
Religion als Wissenschaft (Band 86161)

Paramahansa Yogananda

Paramahansa Yogananda

Worte des Meisters

Inspirierende Ratschläge an seine Jünger

Aus dem Englischen
von Self-Realization Fellowship

Knaur

Vollständige Taschenbuchausgabe April 1997
Droemersche Verlagsanstalt Th. Knaur Nachf., München
Die Lizenzausgabe ist autorisiert durch

International Publications Council
Self-Realization Fellowship, USA
in Zusammenarbeit mit Scherz Verlag, Bern und München
(für Otto Wilhelm Barth Verlag)
Worte des Meisters. Erste Auflage der Neuausgabe 1996
Originaltitel: »Sayings of Paramahansa Yogananda«
Originalverlag: Self-Realization Fellowship, Los Angeles, Kalifornien

DTP-Satz und Herstellung: Barbara Rabus
Druck und Bindung: Ebner Ulm
Printed in Germany
ISBN 3-426-86152-6

2 4 5 3 1

Inhaltsverzeichnis

Das geistige Erbe Paramahansa Yoganandas

Heute, ein Jahrhundert nach seiner Geburt, wird Paramahansa Yogananda als eine der überragendsten Persönlichkeiten unserer Zeit anerkannt; und der Einfluß seines Lebens und Werkes weitet sich immer mehr aus. Viele der religiösen und philosophischen Begriffe und Methoden, die er vor Jahrzehnten einführte, finden heute ihren Niederschlag in der Erziehung und Psychologie, in der Geschäftswelt, Medizin und anderen Bereichen und tragen in bedeutendem Maße dazu bei, von einer höheren geistigen Warte aus eine umfassendere, humanere Sicht vom menschlichen Leben zu vermitteln.

Die Tatsache, daß Paramahansa Yoganandas Lehre auf vielen Sachgebieten interpretiert und kreativ angewandt wird, unter anderem von den Vertretern verschiedener philosophischer und metaphysischer Bewegungen, beweist einerseits die weitläufige praktische Anwendbarkeit des von ihm Gelehrten; andererseits wird dadurch auch verständlich, daß Mittel und Wege gefunden werden müssen, um zu verhindern, daß dieses geistige Erbe im Laufe der Zeit verwässert, als Stückwerk aus dem Zusammenhang genommen oder entstellt wird.

Da sich immer mehr Informations-Quellen auftun, die über Paramahansa Yogananda berichten, fragen sich manche Leser, woran sie erkennen können, ob eine Veröffentlichung sein Leben und seine Lehre richtig darstellt. Als Antwort auf diese Anfragen möchten wir erklären, daß Sri Yogananda die Self-Realization Fellowship zu dem Zweck gründete, seine Lehre in ihrer Ganzheit zu verbreiten und deren Reinheit für künftige Generationen zu sichern. Er wählte und schulte persönlich solche aus seinem engen Jüngerkreis, die zur Redaktion der Self-Realization Fellowship gehören, und gab ihnen genaue Richtlinien für die Zusammenstellung und Veröffentlichung seiner Vorträge, Schriften und der Self-Realization-Lehrbriefe. Die Mitglieder der SRF-Redaktion halten diese Richtlinien heilig, damit die universelle Botschaft dieses geliebten Weltlehrers in ihrer ursprünglichen Kraft und Echtheit erhalten bleibt.

Der Name »Self-Realization Fellowship« und das SRF-Emblem (siehe unten) stammen von Sri Yogananda selbst, denn auf diese Weise wollte er die von ihm gegründete Organisation kennzeichnen, die sein weltweites geistiges und humanitäres Werk weiterführt. Sie erscheinen auf allen Büchern, Kassetten, Video-Kassetten, Filmen und anderen Veröffentlichungen der Self-Realization Fellowship und geben dem Leser die Gewißheit, daß das Werk von der Organisation stammt, die Paramahansa Yogananda gründete, und seine echte Lehre enthält – so wie er sie zu veröffentlichen beabsichtigte.

Self-Realization Fellowship
November 1993

Die von Paramahansa Yogananda gelehrten wissenschaftlichen Meditationstechniken, einschließlich Kriya-Yoga, werden in den *Lehrbriefen der Self-Realization Fellowship* dargelegt. Falls Sie nähere Auskünfte darüber wünschen, fordern Sie bitte den einführenden Gratisprospekt *Ungeahnte Möglichkeiten* von der *Self-Realization Fellowship* (3880 San Rafael Avenue, Los Angeles, California 90065, USA) oder der *Gemeinschaft der Selbst-Verwirklichung* (Laufamholzstraße 369, 90482 Nürnberg) an.

Einführung

Wen darf man zu Recht einen Meister nennen? Ein durchschnittlicher Mensch ist dieses Titels sicher nicht würdig. Und nur selten erscheint auf der Erde einer aus der Gemeinschaft der Heiligen, auf den sich der Meister aus Galiläa bezog, als er sprach: »Wer an mich (das Christusbewußtsein) glaubt, wird die Werke auch tun, die ich tue.«[1] *Menschen werden Meister, wenn sie über das kleine Ich siegen, wenn sie alle Wünsche ausmerzen außer dem einen: der Sehnsucht nach Gott; wenn sie sich Ihm von ganzem Herzen hingeben, wenn sie tief meditieren und ihre Seele mit dem allumfassenden GEIST vereinigen. Derjenige, dessen Bewußtsein unerschütterlich in Gott, der einzigen Wirklichkeit, ruht, kann mit Recht ein Meister genannt werden.*

Paramahansa Yogananda, der Meister, dessen Worte hier liebevoll aufgezeichnet worden sind, war ein Weltlehrer. Er zeigte die Wesenseinheit aller heiligen Schriften auf und war bestrebt, Ost und West durch das dauerhafte Band geistigen Verstehens zu verknüpfen. Durch sein Leben und seine Schriften entzündete er in zahllosen Herzen den heiligen Funken der Gottesliebe. Er lebte furchtlos nach den höchsten Grundsätzen der Religion und verkündete, daß alle Gottsucher, ungeachtet ihres Glaubensbekenntnisses, dem Himmlischen Vater gleich teuer sind.

1 *Johannes 14, 12*

Ein Universitätsstudium und viele Jahre der geistigen Schulung in seinem Geburtsland Indien – unter der spartanischen Zucht seines religiösen Lehrers oder Gurus, Swami Sri Yukteswar – bereiteten Paramahansa Yogananda auf seine Sendung im Westen vor. Im Jahre 1920 nahm er als Vertreter Indiens an einem Kongreß der Freireligiösen Bewegungen in Boston teil und blieb dann mehr als dreißig Jahre lang in Amerika (abgesehen von einer Reise nach Indien in den Jahren 1935/36).

Seinem Bemühen, die Sehnsucht nach der Vereinigung mit Gott in den Menschen zu erwecken, war beispielloser Erfolg beschieden. In Hunderten von Städten unterrichtete er die größten Yogaklassen der Welt und weihte persönlich hunderttausend Schüler in den Yoga[1] ein.

Für jene, die dem Weg der Entsagung folgen wollten, gründete der Meister in Südkalifornien mehrere Aschram-Zentren der *Self-Realization Fellowship*. Viele Wahrheitssucher studieren und arbeiten dort und üben sich täglich in der Meditation, die den Geist beruhigt und das höhere Bewußtsein der Seele weckt.

Folgender Vorfall aus dem Leben des Meisters in Amerika zeigt, wie liebevoll Yogananda von Menschen aufgenommen wurde, deren Sinn für das Geistige schon weit entwickelt war:

Auf einer Reise durch verschiedene Teile der Vereinigten Staaten besuchte Yoganandaji[2] eines Tages ein christliches Kloster. Als die Brüder seine dunkle Hautfarbe, sein langes schwarzes Haar und das ockerfarbene Gewand – die traditionelle Tracht der Mönche des Swamiordens[3] – sahen,

1 Siehe Glossar
2 Siehe »ji« im Glossar
3 Siehe Glossar

empfingen sie ihn mit einem gewissen Argwohn. Sie hielten ihn für einen Heiden und wollten ihm gerade die Audienz beim Abt verweigern, als dieser gütige Mann selbst den Raum betrat. Mit strahlendem Gesicht und offenen Armen ging er auf Paramahansaji zu, umarmte ihn und rief aus: »Sie hat Gott geschickt! Wie freue ich mich, daß Sie gekommen sind!«

Dieses Buch gewährt uns einen Einblick in Yoganandas vielgestaltiges Wesen, in sein mitfühlendes Verständnis für die Menschen und seine grenzenlose Liebe zu Gott.

Die *Self-Realization Fellowship* – die Organisation, die Paramahansa Yogananda gegründet hat, damit sie seine Lehren und Schriften für alle Zukunft verbreite – betrachtet es als ihr Vorrecht und ihre heilige Pflicht, der Öffentlichkeit diese Sammlung von Worten Paramahansa Yoganandas übergeben zu können. Dieses Buch ist der weltweiten Familie von Schülern der *Self-Realization Fellowship* und allen anderen Wahrheitssuchern gewidmet.

Worte des Meisters

»Was soll ich tun, Sir, um Gott zu finden?« fragte ein Schüler. Der Meister sagte:
»Vertiefe dich während jeder freien Minute in den Gedanken an Seine Unendlichkeit. Sprich zu Ihm wie zu einem innigen Vertrauten. Er ist der Nächste der Nächsten, der Liebste der Lieben. Liebe Ihn wie ein Geizhals sein Geld, wie ein feuriger Liebhaber seine Geliebte, wie ein Ertrinkender die Luft. Wenn du dich so intensiv nach Gott sehnst, wird Er zu dir kommen.«

*

Ein Schüler beklagte sich beim Meister darüber, daß er keine Arbeit finden könne. Der Guru sagte:
»Halte nicht an diesem negativen Gedanken fest. Du bist ein Teil des Universums und hast eine wesentliche Aufgabe darin zu erfüllen. Wenn nötig, rüttle die ganze Welt auf, um dir Arbeit zu beschaffen! Laß nicht locker, bis es dir gelingt.«

*

»Ich wünschte, ich könnte glauben, Meister«, sagte ein Mann. Paramahansaji erwiderte:
»Der Glaube muß gepflegt – oder besser: in uns entdeckt werden. Er ist vorhanden, doch wir müssen ihn selbst erwecken. Wenn Sie Ihr Leben überdenken, werden Sie erkennen, wie vielfältig Gott darin wirkt, und das wird Ihren Glauben stärken. Nur wenige Menschen suchen nach Seiner verborgenen Hand. Die meisten halten die Ereignisse des Lebens für naturgegeben und unumgänglich und ahnen

nicht, welch tiefgreifende Veränderungen durch das Gebet möglich sind.«

*

Eine Jüngerin fühlte sich jedesmal verletzt, wenn ihre Fehler gerügt wurden. Eines Tages sagte ihr Paramahansaji:
»Warum beschwerst du dich, wenn du zurechtgewiesen wirst? Bin ich nicht dazu da? Mein Guru tadelte mich oft vor anderen. Ich lehnte mich nie dagegen auf, denn ich wußte, daß Sri Yukteswarji nur meine Unwissenheit ausmerzen wollte. Jetzt bin ich nicht mehr empfindlich gegen Kritik; es gibt keine wunden Stellen mehr in mir, die weh tun, wenn jemand sie berührt.
Deshalb spreche ich ganz offen über deine Schwächen. Heilst du die wunden Stellen in deinem Geist nicht aus, wirst du jedesmal zusammenzucken, wenn jemand daran rührt.«

*

Der Meister sagte einer Gruppe von Jüngern:
»Gott hat uns diesen Besuch auf der Erde ermöglicht; aber die meisten von uns verhalten sich wie unerwünschte Gäste, indem sie gewisse Dinge als ihr Eigentum betrachten. Wir vergessen, daß wir uns nur vorübergehend hier aufhalten, und hängen unser Herz an viele Dinge: ›mein Haus‹, ›meine Arbeit‹, ›mein Geld‹, ›meine Familie‹.
Wenn jedoch unser Visum für die Erde abläuft, werden alle menschlichen Bindungen gelöst. Dann müssen wir alles, was wir zu besitzen glaubten, zurücklassen. Der Einzige, der uns überallhin begleitet, ist unser Ewiger Vater: Gott. Erkennt *jetzt*, daß ihr die Seele seid – und nicht der Körper. Warum warten, bis der Tod euch diese harte Lehre erteilt?«

*

Der Meister hatte es für nötig befunden, einen seiner Jünger, der einen schweren Fehler begangen hatte, zu schelten. Später sagte er seufzend:
»Ich möchte andere nur durch Liebe lenken. Wenn ich gezwungen bin, andere Mittel anzuwenden, bin ich hinterher immer ganz erschöpft.«

*

Einmal versuchte ein arroganter Intellektueller, der sich über verwickelte philosophische Probleme mit dem Meister unterhielt, diesen in Verlegenheit zu bringen. Paramahansaji sagte lächelnd:
»Die Wahrheit fürchtet sich nie vor Fragen.«

*

»Meine Fehler sind zu tief verwurzelt, als daß ich irgendwelche geistigen Fortschritte machen könnte«, gestand ein Schüler Paramahansaji traurig. »Der Kampf gegen meine schlechten Gewohnheiten ist so anstrengend, daß ich ganz erschöpft bin.«
»Fällt es dir morgen etwa leichter, dagegen anzugehen, als heute?« fragte der Meister. »Warum den alten Fehlern täglich neue hinzufügen? Einmal mußt du doch zu Gott zurückkehren; ist es darum nicht besser, das jetzt zu tun? Gib dich Ihm ganz einfach anheim und sag Ihm: ›Herr, ich bin Dein Kind, ob gut oder böse; Du mußt für mich sorgen.‹ Wenn du es stets von neuem versuchst, wirst du dich bessern. ›Ein Heiliger ist ein Sünder, der nie aufgab.‹«

*

»Die Menschen verfallen dem Bösen«, sagte der Meister, »weil sie keine innere Freude kennen. Wer über Gott, den

Inbegriff der Seligkeit, meditiert, wird von Seiner Güte durchdrungen.«

*

»Körper, Geist und Seele sind eng miteinander verbunden«, sagte der Meister. »Ihr habt dem Körper gegenüber eine Pflicht: ihn gesund zu erhalten; ihr habt dem Geist gegenüber eine Pflicht: seine Fähigkeiten zu entwickeln; und ihr habt der Seele gegenüber die Pflicht, täglich über den Ursprung eures Wesens zu meditieren. Wenn ihr eure Pflicht der Seele gegenüber erfüllt, werden Körper und Geist ebenfalls Nutzen daraus ziehen; wenn ihr jedoch eure Seele vernachlässigt, werden schließlich auch Körper und Geist darunter leiden.«

*

»Jedes Wesen in der Schöpfung besitzt Individualität«, sagte der Meister. »Der Schöpfer wiederholt sich nie. Ähnlich gibt es auch bei der Gottsuche des Menschen eine unendliche Vielfalt von Annäherungs- und Ausdrucksmöglichkeiten. Das Liebesabenteuer jedes Gottsuchers ist einzigartig.«

*

»Verhilft Ihre Schulung anderen dazu, mit sich selbst in Frieden zu leben?« fragte ein Besucher. Yoganandaji antwortete:
»Ja, aber das ist nicht der Kern meiner Lehre. Wichtiger ist es, mit Gott in Frieden zu leben.«

*

Ein Besucher der Einsiedelei äußerte seine Zweifel an der Unsterblichkeit des Menschen. Der Meister sagte:
»Versuchen Sie sich klarzumachen, daß Sie ein göttlicher Wanderer sind. Sie leben nur für kurze Zeit hier und reisen

dann in eine ganz andere, faszinierende Welt[1] weiter. Begrenzen Sie Ihren Gesichtskreis nicht auf *ein* kurzes Leben und *eine* kleine Erde. Rufen Sie sich vielmehr die Unermeßlichkeit des GEISTES in Erinnerung, der in Ihnen wohnt.«

*

»Mensch und Natur sind durch ein gemeinsames Schicksal unlöslich miteinander verbunden«, sagte der Meister. »Die Kräfte der Natur wirken zusammen, um dem Menschen zu dienen; Sonne, Erde, Wind und Regen verschaffen ihm seine Nahrung. Der Mensch lenkt die Natur, wenn auch meist unbewußt. Überschwemmungen, Orkane, Erdbeben und andere Naturkatastrophen werden durch die unzähligen falschen Gedanken der Menschen hervorgerufen. Jede Blume am Wegrand drückt das Lächeln eines Menschen aus, und jeder Moskito ist die Verkörperung verletzender Worte. Die Dienerin Natur wird aufsässig und widerspenstig, wenn der Herr der Schöpfung schläft. Je mehr er geistig erwacht, um so leichter kann er sie beherrschen.«

*

»Gießt man Milch in Wasser, so vermischt sie sich mit diesem; Butter jedoch, die aus Milch hergestellt wird, schwimmt auf dem Wasser«, sagte der Meister. »Ähnlich lösen sich die milchigen Gedanken des Durchschnittsmenschen rasch im Wasser der Täuschung[2] auf. Ein geistiger Mensch jedoch, der sich in Selbstdisziplin übt, ›buttert‹ die Milch seines Denkens, bis sie göttliche Festigkeit erlangt hat. Dann ist er frei von irdischen Wünschen und Bindungen, kann heiter auf dem Wasser weltlichen Lebens

1 Siehe »Astralwelt« im Glossar
2 Siehe *Maya* im Glossar

schwimmen und seine Aufmerksamkeit immer auf Gott richten.«

*

Als eine gewisse Schülerin krank wurde, riet ihr Paramahansaji, einen Arzt aufzusuchen. Da fragte ihn eine Jüngerin:

»Meister, warum hast Du sie nicht selber geheilt?«

»Wer von Gott die Fähigkeit des Heilens erhalten hat, wendet sie nur an, wenn Er es ihm aufträgt«, antwortete der Guru. »Der Herr weiß, daß es manchmal nötig für Seine Kinder ist, zu leiden. Menschen, die sich nach göttlicher Heilung sehnen, sollten sich bemühen, im Einklang mit Gottes Gesetzen zu leben. Eine dauerhafte Heilung ist nicht möglich, wenn jemand immer wieder dieselben Fehler macht und dadurch einen Rückfall in seine Krankheit verursacht.

Wahre Heilung kann nur durch tiefe geistige Einsicht erlangt werden«, fuhr er fort. »Die Tatsache, daß der Mensch seine wahre Natur – die Seele – nicht kennt, ist die eigentliche Ursache aller anderen Übel – der körperlichen, materiellen und geistigen.«

*

»Sir, ich scheine überhaupt keine Fortschritte in der Meditation zu machen. Ich höre und sehe nie etwas«, sagte ein Schüler.

Der Meister erwiderte: »Suche Gott um Seiner Selbst willen! Die höchste Gotteserfahrung ist die Glückseligkeit, die man aus der unergründlichen Tiefe des eigenen Herzens aufsteigen fühlt. Trachte nicht nach Visionen, Wundererscheinungen oder phantastischen Erlebnissen. Der Weg zu Gott ist kein Zirkus!«

*

»Das ganze Universum ist aus dem GEIST hervorgegangen«, sagte der Meister zu einer Gruppe von Jüngern. »Sterne, Steine, Bäume und Menschen bestehen aus derselben Einen Substanz: Gott. Um eine mannigfaltige Schöpfung ins Leben zu rufen, mußte der Herr jedem Ding den *Anschein* von Individualität verleihen.

Wir würden des irdischen Schauspiels bald müde werden, wenn wir erkennen könnten, daß es nur *eine* Person ist, die das Stück herausbringt, das Manuskript schreibt, das Bühnenbild malt, Regie führt und alle Rollen spielt. Doch ›die Vorstellung muß weitergehen‹; deshalb hat der Meister-Dramatiker im ganzen Kosmos eine unvorstellbare Erfindungsgabe und unerschöpfliche Vielfalt an den Tag gelegt. Er hat dem Unwirklichen scheinbare Wirklichkeit verliehen.«

»Meister, warum muß die Vorstellung weitergehen?« fragte ein Schüler.

»Das ist Gottes *Lila* – Sein Spiel oder Zeitvertreib«, antwortete der Guru. »Er hat das Recht, sich in zahllosen Formen auszudrücken, wenn Er es so wünscht. Für den Menschen kommt es vor allem darauf an, daß er die Täuschung durchschaut. Wenn Gott sich nicht in die Schleier der *Maya* hüllte, gäbe es kein Kosmisches Schöpfungsdrama. Wir dürfen Versteck mit Ihm spielen und nach Ihm suchen, bis wir Ihn finden und den Großen Preis gewinnen.«

*

Zu einer Gruppe von Jüngern sagte der Meister: »Ich weiß, daß ich auch dann, wenn ich nichts mehr besäße, in jedem von euch einen Freund hätte, der alles für mich tun würde. Und ihr wißt, daß ihr in mir einen Freund habt, der euch auf jede erdenkliche Weise hilft. Wir sehen Gott im anderen. Es ist das schönste Verhältnis, das es zwischen Menschen geben kann.«

*

Der Meister bestand gewöhnlich darauf, daß die Jünger in seiner Gegenwart Schweigen bewahrten, und erklärte dazu: »Aus der Tiefe des Schweigens schießt der Geiser unerschöpflicher göttlicher Seligkeit empor und überflutet den ganzen Menschen.«

*

Die Jünger betrachteten es als ihr Vorrecht, dem Guru, der unaufhörlich um ihr Wohlergehen bemüht war, einen Dienst zu erweisen. Zu einigen von ihnen, die eben eine Arbeit für ihn erledigt hatten, sagte der Meister:

»Ihr seid alle so rührend um mich besorgt und erweist mir so viele Aufmerksamkeiten.«

»O nein, Meister! Du bist es, der so sehr um uns besorgt ist«, rief ein Jünger aus.

»Gott hilft Gott«, sagte Paramahansaji mit seinem lieben Lächeln. »Das ist die ›Handlung‹ in Seinem Drama menschlichen Lebens.«

*

»Jedem Wunsch entsagen – sein Ich überwinden – das klingt alles sehr negativ, Meister«, bemerkte ein Schüler. »Wenn ich so viel aufgebe, was bleibt mir dann noch übrig?«

»In Wirklichkeit alles, weil du dann reich im GEIST bist – der Substanz, die alles enthält«, erwiderte der Meister. »Dann bist du kein umherirrender Bettler mehr, der sich mit einem trockenen Stück Brot und ein paar körperlichen Bequemlichkeiten zufriedengibt, sondern hast die erhabene Stellung wiedergewonnen, die einem Sohn des Unendlichen Vaters zusteht. Das ist durchaus kein negativer Zustand!«

Er fügte hinzu: »Wer das kleine Ich überwindet, bringt sein

wahres Selbst zum Leuchten. Man kann den Zustand göttlicher Verwirklichung unmöglich erklären; denn er läßt sich mit nichts anderem vergleichen.«

*

Um einigen Jüngern die Dreieinigkeit zu erklären, brauchte der Meister folgendes Gleichnis:

»Man kann sagen, daß Gottvater, der sich in der schwingungslosen Leere jenseits aller Erscheinungen befindet, das Kapital ist, das den Bedarf der Schöpfung ›deckt‹. Der Sohn – das intelligente Christusbewußtsein, das den ganzen Kosmos durchdringt – ist die Betriebsleitung. Und der Heilige Geist – die unsichtbare göttliche Schwingungskraft, die alle Erscheinungsformen im Kosmos erzeugt – ist die Arbeiterschaft.«[1]

*

»Meister, Du hast uns gelehrt, nicht um bestimmte Dinge zu beten, sondern nur darum, daß Gott sich uns offenbare. Sollen wir Ihn nie um etwas bitten, was wir brauchen?« fragte ein Jünger.

»Wir können dem Herrn ruhig sagen, was wir uns wünschen«, erwiderte Paramahansaji, »aber es zeugt von größerem Glauben, wenn wir einfach sagen: ›Himmlischer Vater, Du weißt genau, was ich brauche. Erhalte mich nach Deinem Willen.‹

Wenn sich jemand brennend ein Auto wünscht und eindringlich genug darum betet, wird er es schließlich bekommen. Aber der Besitz eines Autos mag nicht das Beste für ihn sein. Manchmal schlägt uns der Herr kleine Bitten ab, weil Er uns etwas Besseres geben will.« Er fügte hinzu:

1 Siehe *Sat-Tat-OM* im Glossar

»Vertraue mehr auf Gott. Glaube daran, daß Er, der dich geschaffen hat, auch für dich sorgen wird.«

*

Ein Jünger, der fühlte, daß er in einer schwierigen geistigen Prüfung versagt hatte, machte sich bittere Vorwürfe. Da sagte ihm der Meister:

»Betrachte dich nicht als Sünder. Dadurch entweihst du das Ebenbild Gottes in dir. Warum willst du dich mit deinen Schwächen identifizieren? Präge dir statt dessen die Wahrheit ein: ›*Ich bin ein Kind Gottes.*‹ Bete zu Ihm: ›Ob gut oder böse, ich bin Dein eigen. Rufe die Erinnerung an Dich wieder in mir wach, o Himmlischer Vater!‹«

*

»Oft denke ich, daß Gott den Menschen vergißt«, erklärte ein Besucher der Einsiedelei von Encinitas.[1] »Der Herr hält sich zweifellos von uns fern.«

»Es ist der Mensch, der sich von Gott fernhält«, antwortete der Meister. »Wer sucht wirklich nach Gott? Die geistigen Tempel der meisten Menschen sind mit den Götzenbildern ruheloser Gedanken und Wünsche angefüllt; an den Herrn denkt kaum einer. Dennoch sendet Er von Zeit zu Zeit Seine erleuchteten Söhne aus, um die Menschen an ihr göttliches Erbteil zu erinnern.

Gott läßt uns nie im Stich. Schweigend bemüht Er sich, Seinen geliebten Kindern auf jede erdenkliche Weise zu helfen und ihren geistigen Fortschritt zu beschleunigen.«

*

1 Encinitas ist eine kleine Küstenstadt in Südkalifornien. Dort befindet sich ein SRF-Aschram-Zentrum, das Yoganandaji im Jahre 1937 gründete.

Einem jungen Wahrheitssucher, der ihn um Rat fragte, sagte der Meister folgendes:
»Die Welt verleitet dich zu schlechten Gewohnheiten, aber sie übernimmt keine Verantwortung für die Fehler, die du aufgrund dieser Gewohnheiten begehst. Warum also willst du deine ganze Zeit diesem falschen Freund – der Welt – schenken? Halte dir eine Stunde am Tag für die wissenschaftliche Erforschung deiner Seele frei. Verdient der Herr, dem du dein Leben, deine Familie, dein Geld und alles andere verdankst, nicht einen vierundzwanzigsten Teil deiner Zeit?«

*

»Sir, warum machen sich einige Leute über die Heiligen lustig?« fragte ein Jünger. Der Meister erwiderte:
»Übeltäter hassen die Wahrheit, und wer ein weltliches Leben führt, gibt sich mit dem Auf und Ab des Lebens zufrieden. Er hat nicht den Wunsch, sich zu ändern; deshalb ist ihm der Gedanke an einen Heiligen unbequem. Man kann ihn mit einem Menschen vergleichen, der jahrelang in einem dunklen Zimmer gelebt hat. Auf einmal kommt jemand herein und schaltet das Licht an. Dem Halbblinden erscheint der plötzliche Glanz unnatürlich.«

*

Als der Meister eines Tages über Rassenvorurteile sprach, sagte er:
»Es gefallt Gott gar nicht, wenn man Ihn beleidigt, nur weil Er Seinen schwarzen Anzug trägt.«

*

»Wir sollten uns vom Alptraum der Schmerzen nicht zu sehr erschrecken und von den angenehmen Träumen schöner Erlebnisse nicht zu sehr hinreißen lassen«, sagte der Meister. »Wenn wir uns auf diesen unvermeidlichen Dualismus, diese ›Gegensatzpaare‹ der *Maya* konzentrieren, denken wir bald nicht mehr an Gott, den unwandelbaren Zustand der Glückseligkeit. Sobald wir in Ihm erwachen, erkennen wir, daß das irdische Leben nichts als ein Film ist, der aus Licht und Schatten besteht und auf die kosmische Leinwand projiziert wird.«

*

»Obgleich ich versuche, meinen Geist zu beruhigen, habe ich doch nicht die Kraft, meine rastlosen Gedanken abzuschalten und in die Welt des Inneren zu tauchen«, bemerkte ein Besucher. »Wahrscheinlich fehlt es mir an Hingabe.«

»Wenn Sie nur schweigend dasitzen und Hingabe zu fühlen versuchen, kommen Sie nicht viel weiter«, sagte der Meister. »Deshalb lehre ich wissenschaftliche Meditationstechniken. Üben Sie diese, dann werden Sie Ihren Geist von den ablenkenden Sinneseindrücken und dem unaufhörlichen Strom der Gedanken abschalten können.«

Er fügte hinzu: »Der *Kriya-Yoga*[1] hebt das Bewußtsein auf eine höhere Ebene, so daß Hingabe an den unendlichen GEIST ganz von selbst im menschlichen Herzen erwacht.«

*

Den Zustand der »Untätigkeit«, der in der Bhagawadgita[2] erwähnt wird, erläuterte Sri Yoganandaji wie folgt:

»Wenn ein echter Yogi eine Handlung ausführt, so ist das,

1 Siehe Glossar

2 Siehe Glossar

vom Standpunkt des Karma aus gesehen, wie wenn er ins Wasser schriebe. Keine Spur bleibt zurück.«[1]

*

Ein Schüler konnte sich nur schwer vorstellen, daß Gott im menschlichen Körper wohne. Da sagte ihm der Meister:
»Genauso wie eine rotglühende Kohle die Gegenwart des Feuers verrät, so verrät der wunderbare Mechanismus des Körpers die Gegenwart des GEISTES, der ihn erschaffen hat.«

*

»Einige glauben, daß nur derjenige ein Heiliger sei, der schwere Prüfungen zu bestehen hat. Andere dagegen behaupten, daß jemand, der Gott gefunden hat, frei von allem Leiden sein müsse«, sagte der Meister während eines Vortrags.
»Das Leben eines jeden Meisters verläuft nach einem unsichtbaren Plan. So litt z. B. der heilige Franziskus unter schweren Krankheiten, und der völlig befreite Christus ließ es zu, daß er gekreuzigt wurde, während andere große Heilige wie der heilige Thomas von Aquino und Lahiri Mahasaya[2] ihr Leben ohne besondere Prüfungen oder Leiden verbrachten.
Die Heiligen erreichen ihre endgültige Erlösung unter ganz verschiedenen Umständen. Ein echter Weiser spiegelt das in seinem Innern ruhende göttliche Ebenbild wider, ganz

1 D. h., daß keine karmische Aufzeichnung stattfindet. Nur ein Meister ist ein freier Mensch und unterliegt keinem Karma mehr (dem unerbittlichen kosmischen Gesetz, das unerleuchtete Menschen für ihre Gedanken und Taten zur Rechenschaft zieht). Als Sri Krischna seinen Jünger Ardschuna aufforderte, auf dem Schlachtfeld zu kämpfen, versicherte er ihm, daß er kein Karma auf sich lade, wenn er als ein Werkzeug Gottes, d. h. ohne egoistische Beweggründe, handle.

2 Siehe Glossar

gleich, was die äußeren Umstände sein mögen. Er spielt jede Rolle, die Gott ihm überträgt, ob sie nun dem Publikumsgeschmack entspricht oder nicht.«

*

Einer der jungen Mönche in der Einsiedelei trieb gern seinen Spaß mit den anderen. Für ihn war das Leben eine beständige Komödie. Wenn seine Heiterkeit auch manchmal willkommen war, so hinderte sie andere Jünger gelegentlich daran, sich still auf Gott zu konzentrieren. Eines Tages wies Paramahansaji den Jungen milde zurecht.

»Du mußt lernen, gesetzter zu werden«, bemerkte er.

»Ja, Meister«, antwortete der Jünger, der seine Ruhelosigkeit bedauerte. »Aber meine Gewohnheit ist so stark. Wie kann ich mich ohne Deinen Segen ändern?«

Da versicherte ihm der Guru nachdrücklich:

»Mein Segen ist da, und Gottes Segen ist da. Alles, was dir fehlt, ist dein eigener Segen!«

*

»Gott versteht euch, auch wenn alle anderen euch mißverstehen«, sagte der Meister. »Er ist der Liebende, der euch immer umsorgt, ganz gleich, was für Fehler ihr macht. Andere schenken euch ihre Liebe eine Zeitlang und verlassen euch dann. Er aber verläßt euch nie.

Auf vielerlei Weise bemüht sich Gott täglich um eure Liebe. Er straft euch nicht, wenn ihr Ihn zurückweist, ihr straft euch selbst. Ihr werdet erkennen: ›alle Dinge fliehen dich, wenn du Mich fliehst‹.«[1]

*

1 Zitat aus *Der Jagdhund des Himmels* von Francis Thompson

»Halten Sie kirchliche Zeremonien für notwendig, Sir?« fragte ein Schüler. Der Meister antwortete:
»Religiöse Riten können dem Menschen helfen, an Gott, seinen Unendlichen Schöpfer, zu denken. Wenn das Ritual jedoch überhandnimmt, weiß schließlich keiner mehr, was das alles bedeutet.«

*

»Was ist Gott?« fragte ein Schüler.
»Gott ist ewige Glückseligkeit«, erwiderte der Meister. »Sein Wesen ist Liebe, Weisheit und Freude. Er ist sowohl überpersönlich als auch persönlich und offenbart sich so, wie es Ihm beliebt. Vor Seinen Heiligen erscheint Er in der Gestalt, die ihnen am teuersten ist: der Christ erblickt Christus, der Hindu Krischna[1] oder die Göttliche Mutter[2] usw. Wer in Gott etwas Überpersönliches verehrt, nimmt Ihn als unendliches Licht oder als den wundersamen *OM*-Laut[3], das Urwort, den Heiligen Geist wahr. Die höchste Erfahrung, die dem Menschen zuteil werden kann, besteht in jener Seligkeit, die alle anderen Ausdrucksformen Gottes – Liebe, Weisheit, Unsterblichkeit – voll und ganz einschließt.
Aber wie kann ich dir Gottes Wesen in Worten erklären? Er ist unaussprechlich, unbeschreiblich. Nur in tiefer Meditation kannst du Sein einzigartiges Wesen erfassen.«

*

Nach einem Gespräch mit einem egoistischen Besucher sagte der Meister:
»Der Regen göttlicher Gnade kann sich nicht auf den Berg-

1 Siehe Glossar
2 Siehe Glossar
3 Siehe Glossar

gipfeln des Stolzes sammeln, aber er fließt ungehindert in die Täler der Demut hinab.«

*

Jedesmal, wenn der Meister einen seiner Jünger sah, der ein ausgesprochener Verstandesmensch war, pflegte er zu sagen:

»Bemühe dich um größere Hingabe! Denk an die Worte Jesu: ›Vater, Du hast solches den Weisen und Klugen verborgen ... und hast es den Unmündigen offenbart.‹«[1]

Kurz vor Weihnachten 1951 besuchte der Jünger den Meister in dessen Refugium in der Wüste. Auf dem Tisch vor ihm lagen einige Spielsachen, die als Geschenke dienen sollten. Eine Zeitlang spielte Paramahansaji mit ihnen in kindlicher Freude; dann fragte er den jungen Mann: »Wie gefallen sie dir?«

Der Jünger mußte sich erst von seiner Überraschung erholen, dann aber sagte er lachend: »Sie sind hübsch, Sir.« Der Meister lächelte und zitierte:

»Lasset die Kindlein zu mir kommen und wehret ihnen nicht; denn solcher ist das Reich Gottes.«[2]

*

Ein Schüler zweifelte an seiner Ausdauer auf dem geistigen Weg. Um ihn zu ermutigen, sagte Paramahansaji:

»Der Herr ist nicht fern, sondern nah. Ich sehe Ihn überall.«

»Aber Sie sind ja auch ein Meister, Sir!« wandte der Mann ein.

»Alle Seelen sind gleich«, erwiderte der Guru. »Der einzige Unterschied zwischen Ihnen und mir besteht darin, daß ich

1 *Matthäus 11, 25*
2 *Lukas 18, 16*

die nötigen Anstrengungen gemacht habe. Ich habe Gott davon überzeugt, daß ich Ihn liebe, und so kam Er zu mir. Liebe ist der Magnet, dem Gott sich nicht entziehen kann.«

*

»Wenn Sie Ihren Tempel in Hollywood eine ›Kirche aller Religionen‹ nennen, warum legen Sie dann besonderen Nachdruck auf das Christentum?« erkundigte sich ein Besucher.

»Weil Babaji[1] es so wünscht«, sagte der Meister. »Er hat mir aufgetragen, die christliche Bibel und die Hindu-Bibel (die Bhagawadgita) zu erläutern und die grundlegende Einheit der christlichen und vedischen[2] Schriften aufzuzeigen. Mit dieser Mission hat er mich nach dem Westen gesandt.«

*

»Sünde«, sagte der Meister, »ist alles, was den Menschen Gott vergessen läßt.«

*

»Meister, wie konnte Jesus Wasser in Wein verwandeln?« fragte ein Jünger. Yoganandaji erwiderte:

»Das Universum wird durch ein Spiel von Lichtstrahlen – Schwingungen der Lebenskraft – hervorgerufen. Durch diese Lichtstrahlen wird der Film der Schöpfung – wie auf eine Leinwand – projiziert und sichtbar gemacht. Christus wußte, daß der Kosmos aus Licht besteht; für ihn gab es keinen wesentlichen Unterschied zwischen den Lichtstrahlen, die das Wasser – und den Lichtstrahlen, die den Wein bilden. Wie Gott am Anfang der Schöpfung[3] konnte auch Jesus den

1 Aussprache: Bàbadschi. Siehe Glossar
2 Siehe »Veden« im Glossar
3 »Es werde Licht! Und es ward Licht.« – *1. Mose 1, 3*

Schwingungen der Lebenskraft befehlen, verschiedene Formen anzunehmen.

Alle Menschen, die den Bereich der Relativität und der Gegensätze hinter sich lassen, betreten die wahre Welt der Einheit. Sie werden eins mit der Allmacht. Christus hat dies wie folgt ausgedrückt: ›Wer an mich glaubt (wer das Christusbewußtsein kennt), der wird die Werke auch tun, die ich tue, und wird größere als diese tun; denn ich gehe zum Vater (denn ich werde bald zum Höchsten – zum schwingungslosen Absoluten jenseits der Schöpfung und jenseits aller Erscheinungen – zurückkehren).‹«[1]

*

»Halten Sie nichts von der Ehe, Meister?« fragte ein Schüler. »Sie sprechen oft so, als ob Sie dagegen wären.« Paramahansaji erwiderte:

»Für jene, die im Herzen allem entsagt haben und Gott suchen, der ihre einzige Liebe ist, scheint es unnötig und sogar hinderlich, zu heiraten. In anderen Fällen aber bin ich nicht gegen eine wahre Ehe. Wenn zwei Menschen eine Bindung eingehen, um sich gegenseitig auf dem Weg zu Gott zu helfen, haben sie das richtige Fundament für ihre Ehe: bedingungslose Freundschaft. Die Frau wird vor allem vom Gefühl, der Mann von der Vernunft geleitet; in der Ehe sollen sich diese beiden Eigenschaften ergänzen.

Heutzutage gibt es nicht viele echte Seelen-Verbindungen; denn die jungen Menschen werden geistig nicht entsprechend geschult. Da sie emotionell unreif und labil sind, lassen sie sich gewöhnlich von einer vorübergehenden sexuellen Anziehung oder weltlichen Überlegungen beeinflussen,

1 *Johannes 14, 12*. Siehe *Sat-Tat-OM* im Glossar

die das hohe Ziel der Ehe außer acht lassen.« Er fügte hinzu: »Ich sage oft: Faßt zuerst festen Fuß auf dem Weg zu Gott; dann werdet ihr später, falls ihr heiraten wollt, keinen Fehler machen!«

*

»Schenkt Gott Seine Gnade manchen Menschen nicht in viel reicherem Maße als anderen?« fragte ein Schüler. Paramahansaji antwortete:
»Gott wählt diejenigen, die Ihn wählen.«

*

Zwei Damen pflegten ihr Auto unverschlossen auf dem Parkplatz stehenzulassen. Der Meister sagte ihnen: »Treffen Sie die richtigen Vorsichtsmaßregeln und schließen Sie Ihren Wagen ab!«
»Wo bleibt da Ihr Gottvertrauen?« riefen sie erstaunt aus.
»Ich habe Gottvertrauen«, antwortete Paramahansaji. »Aber das bedeutet nicht Nachlässigkeit.«
Doch die Damen schlossen ihr Auto auch weiterhin nicht ab. Eines Tages aber, als sie viele Wertsachen auf dem Rücksitz hatten liegenlassen, wurden sie ihnen gestohlen.
»Wie können Sie erwarten, daß Gott Sie beschützt, wenn Sie Seine Gesetze der Vernunft und Vorsicht mißachten?« sagte der Meister. »Vertrauen Sie auf Gott, aber seien Sie auch praktisch und führen Sie andere nicht in Versuchung.«

*

Einige Jünger, die in einen Wirbel der Betriebsamkeit gerieten, vernachlässigten ihre Meditation.[1] Der Meister warnte sie: »Sagt nicht: ›Morgen will ich länger meditieren.‹ Plötzlich

1 Siehe *Kriya-Yoga* im Glossar

werdet ihr feststellen, daß ein ganzes Jahr verstrichen ist, ohne daß ihr eure guten Vorsätze ausgeführt habt. Sagt statt dessen: ›Dies kann warten und das kann warten; aber meine Suche nach Gott kann nicht warten.‹«

*

»Sir«, fragte ein Jünger, »warum wissen einige Meister anscheinend mehr als andere?«

»Alle, die höchste Erleuchtung erlangt haben, sind sich an Weisheit gleich«, erwiderte Paramahansaji. »Sie verstehen alles, teilen ihr Wissen aber nur selten mit. Um Gott zu gefallen, spielen sie die Rolle, die Er ihnen übertragen hat. Wenn sie einen Fehler machen, so gehört auch dies zu ihrer menschlichen Rolle. Innerlich bleiben sie unberührt von den Gegensätzlichkeiten und der Relativität der *Maya.*«

*

»Ich finde es schwer, Freundschaften, die ich geschlossen habe, auch zu bewahren«, vertraute ein Schüler dem Guru an.

»Sei vorsichtig in der Auswahl deiner Freunde«, sagte Paramahansaji. »Sei herzlich und aufrichtig; aber bewahre immer ein wenig Abstand und Respekt. Vermeide allzu große Vertraulichkeit. Es ist leicht, Freundschaften zu schließen; wenn du sie aber erhalten willst, muß du diese Regeln befolgen.«

*

»Meister«, fragte ein Schüler, »kann es sein, daß eine Seele für immer verloren ist?« Yoganandaji erwiderte:

»Das ist unmöglich. Jede Seele ist ein Teil Gottes und deshalb unvergänglich.«

*

Ein Schüler gab sich einer unablässigen Selbsterforschung hin und suchte ständig nach Zeichen geistigen Fortschritts. Der Meister sagte ihm:
»Wenn du einen Samen eingepflanzt hast und ihn dann täglich ausgräbst, um nachzusehen, ob er gewachsen ist, wird er nie Wurzeln schlagen. Gib ihm die richtige Pflege, aber sei nicht neugierig!«

*

»Für den Gottsucher, der sich auf dem richtigen Weg befindet, geschieht die geistige Entwicklung so natürlich und unmerklich wie das Atmen«, sagte der Meister. »Wer sein Herz Gott geschenkt hat, ist so sehr mit Ihm beschäftigt, daß er kaum merkt, wie sich alle Schwierigkeiten in seinem Leben auflösen. Die Zeit kommt, da andere beginnen, ihn ›Guru‹ zu nennen. Dann denkt er erstaunt:
›Was? Sollte aus diesem Sünder ein Heiliger geworden sein? Herr, laß mein Gesicht Dein Ebenbild so klar widerspiegeln, so daß niemand mehr *mich* sieht, sondern nur *Dich*!‹«

*

»G ... ist wirklich ein komischer Kauz!« sagte ein Jünger und unterhielt sich mit anderen über die Eigenarten verschiedener Leute. Der Meister sagte:
»Warum wundert ihr euch darüber? Diese Welt ist nun einmal Gottes Zoo.«

*

»Ist Ihre Lehre von der Beherrschung der Gefühle nicht gefährlich?« fragte ein Schüler. »Viele Psychologen behaupten, daß Verdrängungen zu Kontaktschwäche, ja sogar zu körperlicher Krankheit führen.«
Der Meister erwiderte:
»Verdrängung ist schädlich – wenn man sich z. B. etwas

wünscht, aber nichts Konkretes unternimmt, um es sich zu beschaffen. Selbstbeherrschung jedoch ist förderlich – wenn man sein falsches Denken geduldig durch richtiges Denken und seine tadelnswerten Handlungen durch nützliche ersetzt.
Wer sich auf das Böse konzentriert, schadet sich selbst. Wer dagegen seinen Geist mit weisen Gedanken beschäftigt und sein Leben mit nützlicher Tätigkeit ausfüllt, erspart sich manch unwürdiges Leiden.«

*

»Gott prüft uns auf jede erdenkliche Weise«, sagte der Meister. »Er stellt unsere Schwächen bloß, damit wir sie erkennen und sie in Tugenden verwandeln. Er mag uns Prüfungen schicken, die uns unerträglich vorkommen; zuweilen scheint Er uns fast von sich zu stoßen. Doch der weise Gottsucher sagt:
›Nein, Herr, ich will ja nur Dich! Nichts kann mich von meiner Suche abhalten. Ich bitte Dich von ganzem Herzen: Schicke mir nie die Prüfung, Dich zu vergessen.‹«

*

»Sir, werde ich jemals den geistigen Weg verlassen?« fragte ein Schüler, der von Zweifeln geplagt wurde. Der Meister antwortete:
»Wie könntest du? Jeder Mensch in dieser Welt befindet sich auf dem geistigen Weg.«

*

»Sir, verleihen Sie mir die Gnade der Hingabe«, bat ein Jünger inständig.
»Das heißt mit anderen Worten: ›Gib mir Geld, damit ich

mir kaufen kann, was ich will‹«, erwiderte der Meister. »Ich aber sage: ›Du mußt dir das Geld selbst *verdienen.* Dann kannst du dich an dem, was du dir kaufst, rechtmäßig freuen.‹«

*

Um einem Schüler zu helfen, seine Gedanken auf eine höhere Ebene zu lenken, erzählte der Meister folgendes Erlebnis: »Eines Tages sah ich einen großen Sandhaufen, auf dem eine winzige Ameise herumkrabbelte. Da dachte ich: ›Dieser Ameise kommt es sicher so vor, wie wenn sie auf einen Himalaja-Gipfel klettert.‹ Der Sandhaufen mag ihr gigantisch erschienen sein, mir jedoch nicht. Ähnlich bedeutet eine Million Sonnenjahre für den Geist Gottes wahrscheinlich weniger als eine Minute. Wir sollten uns schulen, in großen Begriffen zu denken: Ewigkeit! Unendlichkeit!«

*

Yoganandaji und einige seiner Jünger machten auf dem Rasen der Einsiedelei von Encinitas ihre abendlichen Aufladeübungen. Einer der jungen Männer fragte ihn nach einem Heiligen, dessen Name ihm entfallen war.

»Sir«, sagte er, »es war der Meister, der Ihnen hier vor einigen Monaten erschienen ist.«

»Ich kann mich nicht entsinnen«, erwiderte Paramahansaji.

»Es war im hinteren Teil des Gartens, Sir.«

»Viele suchen mich dort auf; ich sehe einige, die bereits hinübergegangen sind, und andere, die noch auf dieser Erde leben.«

»Wie wunderbar, Sir!«

»Wo immer ein Mensch von Gott erfüllt ist, da kommen auch Seine Heiligen hin.« Der Guru schwieg eine Weile und fuhr mit den Übungen fort. Dann sagte er:

»Als ich gestern in meinen Zimmer meditierte, wollte ich einige Einzelheiten aus dem Leben eines großen Meisters wissen, der im Altertum lebte. Da materialisierte er sich vor mir. Lange Zeit saßen wir nebeneinander auf meinem Bett und hielten uns die Hände.«

»Sir, hat er Ihnen aus seinem Leben erzählt?«

»Gewissermaßen«, antwortete Yoganandaji, »im Austausch unserer Schwingungen sah ich das ganze Bild vor mir.«

*

Um einige seiner Jünger des *Self-Realization-Ordens*[1] vor geistiger Selbstgefälligkeit zu warnen, erzählte der Meister folgendes:

»Nur wer den *Nirbikalpa-Samadhi*[2] erreicht hat, kann nie wieder der Täuschung verfallen. Vorher jedoch darf er sich nicht in Sicherheit wiegen.

Der Jünger eines berühmten hinduistischen Meisters war eine solch große Seele, daß sein Guru ihn anderen oft als Beispiel hinstellte. Eines Tages erwähnte der Jünger, daß er mit einer frommen Frau meditiere, um ihr dadurch zu helfen.

Der Guru sagte ruhig: ›Sadhu[3], nimm dich in acht!‹

Einige Wochen später ging im Leben des Jüngers die Saat schlechten Karmas auf, und er lief mit der Frau davon. Bald jedoch kehrte er zu seinem Guru zurück und sagte weinend: ›Es tut mir so leid!‹ Er ließ es nicht zu, daß sein ganzes Leben von einem Irrtum regiert werde, sondern legte alle seine Fehler ab und verdoppelte seine Bemühungen, vollkommene Selbst-Verwirklichung zu erlangen.

1 Siehe Glossar
2 Siehe Glossar
3 Siehe Glossar

Diese Geschichte zeigt euch, daß selbst ein großer Gottsucher vorübergehend der Täuschung verfallen kann. Laßt nie in eurer Wachsamkeit nach, bis ihr in der höchsten Seligkeit verankert seid.«

*

»Die Naturwissenschaften sind viel mehr auf Theorie gegründet als wahre Religion«, sagte der Meister. »Die Wissenschaft kann z. B. die äußere Beschaffenheit und das Verhalten des Atoms erforschen. Das Üben der Meditation dagegen führt zum Zustand der Allgegenwart: Der Yogi kann eins mit dem Atom werden.«

*

Ein aufdringlicher Jünger tauchte oft unerwartet im Mount Washington-Zentrum[1] auf und rief den Guru häufig auf dessen Kosten an. »Er ist ein eigenartiger Mensch«, bemerkte Paramahansaji einmal. »Doch sein Herz gehört Gott. Trotz seiner Fehler wird er sein Ziel erreichen, denn er wird Gott nicht eher in Ruhe lassen, bis er soweit ist.«

*

Als der Meister zuerst nach Amerika kam, trug er indische Kleidung, und sein Haar fiel lang auf die Schultern herab. Jemand, den dieser seltsame Anblick faszinierte, fragte ihn: »Sind Sie ein Wahrsager?«
»Nein, aber ich sage anderen, wie sie die Wahrheit finden können.«

*

1 Das Mutterzentrum der *Self-Realization Fellowship* in Los Angeles/Kalifornien. Siehe Glossar

Der Meister erzählte seinen Jüngern eines Tages, daß ein Heiliger von seinem hohen geistigen Zustand herabgefallen sei, weil er seine Wunderkräfte öffentlich zur Schau gestellt hatte.

»Er sah seinen Fehler bald ein«, sagte Paramahansaji, »und kehrte zu seinen Jüngern zurück. Am Ende seines Lebens war er eine völlig befreite Seele.«

»Sir, wie konnte er so schnell wieder aufsteigen?« fragte ein Jünger. »Ist die karmische Strafe für einen Menschen, der von einer hohen geistigen Stufe herabfällt, nicht viel schwerer als für andere, die aus bloßer Unwissenheit falsch handeln? Es scheint seltsam, daß dieser indische Heilige nicht lange auf seine endgültige Befreiung warten mußte.«

Doch der Meister schüttelte lächelnd den Kopf. »Gott ist kein Tyrann«, sagte er. »Wenn jemand es gewohnt ist, sich von Ambrosia zu ernähren, wird ihm alter Käse nicht mehr munden. Und wenn er dann verzweifelt wieder nach Ambrosia verlangt, wird Gott sie ihm nicht verweigern.«

*

Ein Anhänger der *Self-Realizalion Fellowship* fand es unangebracht, daß die Organisation Reklame machte. Der Meister sagte:

»Wrigley inseriert, um seinen Kaugummi anzupreisen. Warum soll ich nicht inserieren, um die Leute zu ermutigen, gute Ideen zu ›kauen‹?«

*

Der Meister sprach davon, wie schnell uns Gottes Gnade von der Täuschung der *Maya* befreien kann, und sagte:

»In dieser Welt scheinen wir in einem Meer von Sorgen zu versinken; doch dann kommt die Göttliche Mutter und schüttelt uns, um uns aus diesem schrecklichen Traum aufzuwecken. Jeder Mensch wird früher oder später dieses befreiende Erlebnis haben.«

*

Ein Schüler schwankte zwischen dem Weg der Entsagung und einer langersehnten Karriere. Der Meister sagte ihm liebevoll:
»Alle Erfüllung, nach der du suchst, und noch weit mehr, erwartet dich in Gott.«

*

Einem Schüler, der hoffnungslos in schlechte Gewohnheiten verstrickt schien, gab der Meister folgenden Rat:
»Wenn es dir an Willenskraft fehlt, versuche die ›Will-nicht-Kraft‹ zu entwickeln.«

*

»Was für eine Verantwortung man sich auflädt, wenn man versucht, die Menschen vollkommener zu machen!« rief der Meister aus. »Die Rose in der Vase sieht wunderschön aus, und man vergißt alle Arbeit des Gärtners, die nötig war, sie so schön zu machen. Wenn man aber schon soviel Mühe aufwenden muß, um eine liebliche Rose hervorzubringen, wieviel mehr Anstrengung kostet es dann, einen Menschen zu vervollkommnen.«

*

»Hütet euch vor einem allzu vertraulichen Umgang mit anderen«, sagte der Meister. »Freundschaften befriedigen uns nur dann, wenn sie in der gemeinsamen Liebe zu Gott wurzeln.

Unser menschliches Verlangen, von anderen geliebt und verstanden zu werden, ist in Wirklichkeit die Sehnsucht der Seele nach Vereinigung mit Gott. Je mehr wir dieses Verlangen äußerlich zu befriedigen versuchen, desto unwahrscheinlicher ist es, daß wir den Göttlichen Freund finden.«

*

»Es gibt drei Arten von Gottsuchern«, sagte der Meister, »Gläubige, denen es genügt, zur Kirche zu gehen; Gläubige, die ein sittliches Leben führen, aber keine Anstrengungen machen, sich mit Gott zu vereinigen; und Gläubige, die fest entschlossen sind, ihr wahres Selbst zu erkennen.«

*

Auf die Frage, was Selbst-Verwirklichung sei, sagte der Meister:
»Selbst-Verwirklichung ist das Wissen auf allen Ebenen unseres Seins – des Körpers, des Geistes und der Seele –, daß wir eins mit der Allgegenwart Gottes sind, daß wir nicht um sie zu bitten brauchen, daß wir ihr nicht nur allezeit nahe sind, sondern daß sie zugleich unsere Allgegenwart ist und daß wir jetzt ebenso ein Teil Gottes sind, wie wir es immer sein werden. Wir brauchen nur eines zu tun: unser Wissen zu erweitern.«

*

»Solchen, die Gott lieben, hilft Er oft auf überraschende Weise, denn sie haben die hemmenden Gegenströme des kleinen Ich ausgeschaltet«, sagte der Meister.
»Während meiner ersten Zeit im Mount-Washington-Zentrum wurde eine Hypothek fällig; doch wir hatten kein Geld auf der Bank. Ich betete inständig zu Gott und sagte Ihm: ›Das Schicksal der Organisation liegt in Deinen Hän-

den.‹ Da erschien mir die Göttliche Mutter und sprach auf englisch:
›Ich bin deine Aktien und deine Wertpapiere; Ich bin deine Sicherheit.‹
Einige Tage später erhielt ich durch die Post eine großzügige Spende für das Zentrum.«

*

Einer der Jünger erfüllte treu und gewissenhaft jede Aufgabe, die ihm der Meister übertrug; für andere jedoch tat er nie etwas. Da wies ihn der Meister zurecht:
»Du mußt anderen ebenso willig dienen wie mir. Denke immer daran, daß Gott in allen wohnt, und versäume keine Gelegenheit, Ihm Freude zu machen.«

*

»Der Tod lehrt uns, nicht auf den Körper, sondern auf Gott zu vertrauen. Deshalb ist der Tod unser Freund«, sagte der Meister. »Wir sollten nicht übermäßig trauern, wenn unsere Lieben uns verlassen. Es ist egoistisch, sie zu unserer eigenen Freude und Bequemlichkeit immer bei uns haben zu wollen. Freut euch vielmehr, daß sie abberufen wurden, damit sie sich in der neuen und besseren Umgebung der Astralwelt[1] um die Befreiung ihrer Seele bemühen.
Die meisten Menschen weinen eine Zeitlang aus Schmerz über die Trennung; dann aber vergessen sie schnell. Den Weisen jedoch drängt es dazu, seine verstorbenen Lieben im Herzen des Ewigen zu suchen. Was gläubige Menschen im irdischen Leben verlieren, finden sie in der Unendlichkeit wieder.«

*

1 Siehe Glossar

»Was ist das beste Gebet?« fragte ein Jünger. Der Meister antwortete:
»Sprich zu Gott: ›Sag mir, was Dein Wille ist.‹ Bete nicht: ›Ich möchte dies oder das haben‹, sondern vertraue darauf, daß Er weiß, was du brauchst. Du wirst erleben, daß du viel bessere Dinge erhältst, wenn Er die Wahl für dich trifft.«

*

Der Meister übertrug seinen Jüngern oft verschiedene kleinere Aufgaben. Als eine Jüngerin eine ihrer kleinen Pflichten vernachlässigt hatte, weil sie ihr nicht besonders wichtig schien, wies Paramahansaji sie sanft zurecht und sagte:
»Treue in der Erfüllung kleiner Pflichten gibt uns die Kraft, an schwierigen Entschlüssen festzuhalten, die das Leben eines Tages von uns fordert.«

*

Der Meister erklärte einem neuen Jünger, indem er eine Formulierung Sri Yukteswars[1] benutzte:
»Manche denken, wenn jemand in eine Einsiedelei geht, um dort Selbstbeherrschung zu lernen, sei das ein ähnlich trauriger Anlaß wie eine Beerdigung. Statt dessen aber dürfte es die Beerdigung aller Traurigkeit sein.«

*

»Es ist töricht, von irdischen Bindungen und Besitztümern wahres Glück zu erwarten; denn sie können es einem nie verschaffen«, sagte der Meister. »Dennoch sterben Millionen von Menschen an gebrochenem Herzen, weil sie im

1 *Autobiographie eines Yogi*, 12. Kapitel

weltlichen Leben vergeblich die Erfüllung suchten, die nur in Gott, der Quelle aller Freude, zu finden ist.«

*

Der Meister erklärte, warum nur wenige Menschen den unendlichen Gott verstehen:

»So wie ein kleiner Becher die gewaltigen Wassermassen des Ozeans nicht in sich aufnehmen kann, so kann auch der begrenzte menschliche Verstand das weltumspannende Christusbewußtsein nicht fassen. Wer jedoch seinen Geist durch Meditation ständig erweitert, erreicht schließlich Allwissenheit und wird eins mit der göttlichen Intelligenz, die alle Atome der Schöpfung durchdringt.

Johannes sprach: ›Wie viele ihn aber aufnahmen, denen gab er Macht, Gottes Kinder zu werden, die an seinen Namen glauben.‹[1] Mit ›Wie viele ihn aber aufnahmen‹ meinte Johannes jene Menschen, die ihre Aufnahmefähigkeit ins Unendliche erweitert haben; sie allein erlangen wieder die Stufe von ›Gotteskindern‹. Sie ›glauben an seinen Namen‹, weil sie eins mit dem Christusbewußtsein geworden sind.«

*

Ein Schüler, der früher in der Einsiedelei gelebt hatte, kehrte eines Tages zurück und sagte traurig zum Meister:

»Warum nur bin ich weggegangen?«

»Ja, ist dies nicht ein Paradies, verglichen mit der Welt da draußen?« fragte Paramahansaji.

»Das ist wahr!« erwiderte der junge Mann und schluchzte so lange, bis der Meister voller Anteilnahme mitzuweinen begann.

*

1 *Johannes 1, 12*

Eine Schwester des *Self-Realization*-Ordens klagte über Mangel an Hingabe. »Es liegt nicht daran, daß ich Gott nicht finden will«, sagte sie, »aber ich bin einfach nicht fähig, Liebe für Ihn zu fühlen. Was muß man tun, wenn man einen solchen Zustand der ›Dürre‹ durchmacht?«

»Du mußt dich nicht auf den Gedanken konzentrieren, daß es dir an Hingabe fehlt, sondern versuchen, sie in dir zu erwecken«, antwortete der Meister. »Warum bist du enttäuscht darüber, daß Gott sich dir noch nicht offenbart hat? Denk einmal an die lange Zeit, in der du Ihm keinerlei Beachtung geschenkt hast!

Meditiere öfter und gehe mehr in die Tiefe. Befolge die Aschramregeln. Dadurch, daß du deine Gewohnheiten änderst, wird in deinem Herzen die Erinnerung an Sein wunderbares Wesen erwachen; und wenn du Ihn erst einmal kennst, wirst du Ihn zweifellos auch lieben.«

*

Eines Sonntags besuchte der Meister eine Kirche, wo der Chor eigens für ihn sang. Nach dem Gottesdienst fragten der Chorleiter und die Sänger Paramahansaji:

»Hat Ihnen der Gesang gefallen?«

»Es war in Ordnung«, sagte Yoganandaji ohne Begeisterung.

»Oh! Dann hat es Ihnen also nicht gefallen?« fragten sie weiter.

»Das möchte ich nicht behaupten.«

Als sie ihn zu einer Erklärung drängten, sagte der Meister schließlich: »Technisch war die Darbietung einwandfrei; aber Sie haben vergessen, zu wem Sie sangen. Sie wollten nur mir und dem Publikum gefallen. Singen Sie beim nächsten Mal nicht für die Menschen, sondern für Gott.«

*

Voller Ehrfurcht sprachen die Jünger über das Leben vieler Märtyrer, die ihre Leiden freudig auf sich genommen hatten. Da sagte der Meister:
»Das Schicksal des Körpers ist für einen Menschen, der Gott verwirklicht hat, völlig unwichtig. Die körperliche Gestalt gleicht einem Teller, von dem der Gottsucher das Weisheitsmahl des Lebens ißt. Wozu soll der Teller noch dienen, wenn man den Hunger für alle Ewigkeit gestillt hat? Auch wenn er zerbricht, nimmt der Erleuchtete kaum Notiz davon. Er ist ganz und gar in Gott versunken.«

*

An langen Sommerabenden pflegte der Meister oft mit seinen Jüngern auf der Terrasse der Einsiedelei von Encinitas zu sitzen und geistige Gespräche zu führen. Bei einer solchen Gelegenheit kamen sie auf Wunder zu sprechen, und der Meister sagte:
»Die meisten Menschen sind an Wundern interessiert und möchten gern welche mit eigenen Augen sehen. Doch mein Meister Sri Yukteswarji, der über alle Naturkräfte herrschte, hatte sehr strenge Ansichten darüber. Bevor ich Indien verließ, um in Amerika Vorträge zu halten, sagte er mir: ›Erwecke in den Menschen die Liebe zu Gott. Ziehe sie nicht an, indem du übernatürliche Kräfte zur Schau stellst.‹ Wenn ich durchs Feuer schritte oder auf dem Wasser wandelte und die Vortragssäle des ganzen Landes mit Sensationssuchern füllte, was wäre damit gewonnen? Schaut euch die Sterne, die Wolken und das Meer an; seht den Nebelschleier über dem Gras. Läßt sich irgendein von Menschen vollbrachtes Wunder mit diesen im Grunde unerklärbaren Erscheinungen vergleichen? Dennoch werden nur

wenige Menschen durch die Natur dazu bewogen, Gott – das größte aller Wunder – zu lieben.«

*

Einigen recht saumseligen jungen Schülern sagte der Meister: »Ihr müßt mehr Methode in euer Leben bringen. Gott selbst erschuf die Ordnung. Die Sonne scheint bis zum Abend, und die Sterne bis zum Morgen.«

*

»Verdanken die Heiligen ihre Weisheit nicht einer besonderen Gunst des Herrn?« fragte ein Besucher.
»Nein«, erwiderte der Meister. »Wenn einige Menschen weniger erleuchtet sind als andere, liegt es nicht daran, daß Gott mit Seiner Gnade zurückhält, sondern daß die meisten Menschen Sein allgegenwärtiges Licht nicht frei durch sich hindurchfließen lassen. All Seine Kinder könnten die Strahlen Seiner Allwissenheit in gleichem Maße widerspiegeln, indem sie die dunkle Wand des Egoismus niederreißen.«

*

Ein Besucher äußerte sich recht abfällig über den sogenannten Götzendienst der Inder. Da sagte der Meister ruhig:
»Wenn jemand mit geschlossenen Augen in der Kirche sitzt und seinen Gedanken erlaubt, sich mit weltlichen Dingen – den Götzen des Materialismus – zu beschäftigen, dann weiß Gott, daß nicht Er angebetet wird.
Wenn sich aber jemand vor einem steinernen Bildnis verneigt und in ihm ein Symbol des lebendigen, allgegenwärtigen GEISTES sieht, nimmt Gott diese Art der Anbetung an.«

*

»Ich will mich in die Berge zurückziehen, um mit Gott allein zu sein«, teilte ein Schüler dem Meister mit.
»So wirst du keine geistigen Fortschritte machen«, erwiderte Paramahansaji. »Du bist noch nicht imstande, dich tief auf den GEIST zu konzentrieren. Selbst wenn du in einer Höhle wohnst, werden deine Gedanken die meiste Zeit um Erinnerungen an andere Menschen und weltliche Vergnügen kreisen. Freudige Erfüllung deiner irdischen Pflichten, verbunden mit täglicher Meditation, ist der bessere Weg.«

*

Nachdem der Meister einen Jünger gelobt hatte, sagte er ihm:
»Wenn man dir sagt, daß du eine Sache gut gemacht hast, darfst du dich nicht auf deinen Lorbeeren ausruhen, sondern mußt versuchen, es noch besser zu machen. Wer ständig nach Vollkommenheit strebt, bereitet nicht nur sich selbst, sondern auch seinen Mitmenschen und Gott Freude.«

*

»Entsagung ist nichts Negatives, sondern etwas Positives, denn man gibt nichts anderes auf als das Leid«, sagte der Meister.
»Man darf den Weg der Entsagung nicht als einen Opfergang betrachten. Es handelt sich vielmehr um eine göttliche Kapital-Anlage, bei der ein paar Cents der Selbstdisziplin eine Million geistiger Dollar einbringen. Ist es daher nicht weise, die goldenen Münzen unserer fluchtigen Tage so anzulegen, daß wir die Ewigkeit gewinnen?«

*

Als der Meister an einem Sonntagmorgen auf die Blumenfülle im Tempel schaute, sagte er:
»Gott ist Schönheit. Deshalb erschuf Er die lieblichen Blumen, die von Ihm erzählen können. Sie offenbaren Ihn mehr als alles andere in der Natur. Aus den Fenstern der Lilien und Vergißmeinnicht lugt Sein leuchtendes Antlitz hervor. Im Duft der Rosen scheint Er zu flüstern: ›Suche Mich!‹ Das ist Seine Art, zu uns zu sprechen; sonst aber schweigt Er. Er offenbart Seine Meisterwerke in der Schönheit der Schöpfung; doch Er verrät nicht, daß Er Selbst sich dahinter verbirgt.«

*

Zwei Schüler aus der Einsiedelei baten den Meister, einen Ausflug machen zu dürfen, um einige ihrer Freunde zu besuchen. Paramahansaji erwiderte:
»Für einen Mönch am Anfang seiner Schulung ist es nicht gut, häufig mit weltlichen Menschen zusammenzukommen. Dadurch wird sein Geist durchlässig wie ein Sieb und kann die Wasser der Gotteswahrnehmung nicht halten. Ausflüge bringen euch nicht die Erfahrung des Unendlichen.«
Da der Guru aber nur Ratschläge und keine Befehle zu geben pflegte, fügte er hinzu: »Es ist meine Pflicht, euch zu warnen, wenn ich sehe, daß ihr eine falsche Richtung einschlagt. Tut jedoch, was ihr wollt.«

*

»Hier auf Erden versucht Gott, den Menschen die universale Kunst richtiger Lebensweise beizubringen, indem Er Gefühle der Brüderlichkeit und Achtung vor den Mitmenschen in ihnen erweckt«, sagte der Meister. »Deshalb gestattete Er keiner Nation, in sich selbst vollkommen zu sein. Er verlieh den Menschen jeder Rasse besondere Fähigkei-

ten – eine einzigartige Begabung, mit der sie ihren besonderen Beitrag zur Weltzivilisation leisten können.
Dadurch, daß die Nationen untereinander ihre besten Eigenschaften austauschen, können sie den Weltfrieden beschleunigen. Wir sollten nicht auf die Fehler anderer Rassen, sondern auf ihre Vorzüge schauen und uns diese anzueignen versuchen. Es ist eine bemerkenswerte Tatsache, daß die großen Heiligen der Weltgeschichte die Ideale aller Länder und die höchsten Ziele aller Religionen verkörperten.«

*

Die Gespräche des Meisters sprühten vor Gleichnissen. Eines Tages sagte er:
»Ich sehe alle, die auf dem geistigen Weg sind, wie in einem Wettlauf. Einige rennen; andere kommen nur langsam vorwärts; und wieder andere laufen sogar rückwärts.«
Ein andermal bemerkte er:
»Das Leben ist ein Schlachtfeld, auf dem die Menschen ihre inneren Feinde der Habgier und Unwissenheit bekämpfen. Viele werden von den Kugeln der Begierden verwundet.«

*

Der Meister hatte einige Jünger gescholten, weil sie ihren Pflichten nicht gut genug nachgekommen waren. Sie ließen alle die Köpfe hängen; da sagte der Guru:
»Ich schelte euch nicht gern; denn ihr alle seid so gut. Wenn ich aber Flecken auf einer weißen Wand entdecke, will ich sie entfernen.«

*

Paramahansaji war mit mehreren anderen im Auto unterwegs, um zu einem *Self-Realization*-Wochenendhaus zu fahren. Da begegnete ihnen ein alter Mann, der sich mit einem Bündel auf dem Rücken die heiße, staubige Landstraße dahinschleppte. Der Meister ließ den Wagen anhalten, rief den Mann zu sich und gab ihm etwas Geld. Einige Minuten später sagte Yoganandaji zu den Jüngern: »Diese Welt mit ihren schrecklichen Überraschungen! Wir fahren, während dieser alte Mann zu Fuß gehen muß. Ihr solltet euch alle vornehmen, jede Angst vor den unvorhersehbaren Wechselfällen der *Maya* zu überwinden. Wenn dieser arme Kerl Gott gefunden hätte, würden ihm Armut oder Reichtum nichts bedeuten. Im Unendlichen verwandeln sich alle Bewußtseinszustände in den einen: ewig neue Glückseligkeit.«

*

»Sir, welcher Abschnitt der *Autobiographie eines Yogi* kann Ihrer Meinung nach den durchschnittlichen Menschen am meisten anspornen?« fragte ein Schüler. Der Meister überlegte eine Weile und sagte dann: »Diese Worte meines Gurus Sri Yukteswar: ›Vergeßt die Vergangenheit ... Solange der Mensch noch nicht fest im Göttlichen verankert ist, wird sein Verhalten immer unberechenbar sein. Alles wird sich in Zukunft zum Besten wenden, wenn ihr jetzt die nötigen geistigen Anstrengungen macht.‹«

*

»Gott denkt an uns, auch wenn wir nicht an Ihn denken«, sagte der Meister. »Wenn Er die Schöpfung nur eine Sekunde lang vergäße, würden alle Dinge spurlos verschwinden. Wer hält diesen Erdball in seiner Bahn? Wer treibt die Bäume und Blumen zum Wachstum an? Gott allein läßt unsere Herzen schlagen, verdaut unsere Nahrung und erneuert täglich unsere Körperzellen. Und dennoch schenken Ihm die meisten Seiner Kinder kaum einen Gedanken.«

*

»Der menschliche Geist«, sagte Paramahansaji, »ist wie ein wunderbares Gummiband, das sich bis ins Unendliche ausdehnen läßt, ohne zu reißen.«

*

»Wie kann ein Heiliger das schlechte Karma[1] anderer Menschen auf sich nehmen?« fragte ein Schüler. Der Meister antwortete:

»Wenn du siehst, daß jemand einen anderen schlagen will, kannst du dich geschwind dazwischenstellen und den Schlag auffangen. Dasselbe tut ein großer Meister. Er kennt den Zeitpunkt, zu dem sich die ungünstigen Folgen schlechten Karmas im Leben seiner Jünger auswirken sollen. Wenn er es dann für richtig hält, wendet er eine bestimmte metaphysische Methode an, durch die er die Folgen der von seinen Jüngern begangenen Irrtümer auf sich selbst lenkt. Das Gesetz von Ursache und Wirkung arbeitet mechanisch und mathematisch; Yogis verstehen es, seine Ströme umzulenken. Da die Heiligen Gott als Ewiges Sein und unerschöpfliche Lebenskraft erkannt haben, können sie Schicksalsschläge überleben, an denen ein durchschnittlicher Mensch zerbrechen würde. Innerlich jedoch bleiben sie unberührt von körperlicher Krankheit und den Widerwärtigkeiten der Welt.«

*

Der Meister besprach mit seinen Jüngern Pläne zum Aufbau seines Werkes und sagte:

»Vergeßt nie, daß die Kirche der Bienenstock, Gott aber der Honig ist. Gebt euch nicht damit zufrieden, den Menschen

1 Siehe Glossar. Das Gesetz der Karma-Übernahme wird ausführlicher im Kapitel 21 der *Autobiographie eines Yogi* erklärt.

geistige Wahrheiten zu predigen, sondern zeigt ihnen, wie sie selbst im Bewußtsein Gottes leben können.«

*

Paramahansaji fühlte sich an niemanden und nichts gebunden, zeigte jedoch allen gegenüber große Treue und tiefes Einfühlungsvermögen. Eines Tages sagte er:
»Wenn ich meine Freunde nicht sehe, vermisse ich sie nicht; wenn ich sie aber sehe, werde ich ihrer nicht müde.«

*

»Ich schaue Gott im ganzen Universum«, sagte der Meister. »Der Anblick eines prächtigen Baumes bewegt mein Herz, so daß es mir zuflüstert: ›Er ist da!‹ Ich neige mich anbetend vor Ihm. Durchdringt Er nicht jedes Atom dieser Erde? Könnte unser Planet ohne die Anziehungskraft Gottes überhaupt existieren? Wer Gott wirklich liebt, sieht Ihn in allen Menschen und allen Dingen, jeder Fels wird ihm zu einem Altar. Als der Herr gebot: ›Du sollst keine anderen Götter haben neben mir. Du sollst dir kein Bildnis machen‹[1], meinte Er, daß wir die Werke der Schöpfung nicht über den Schöpfer stellen sollen. Unsere Liebe zur Natur, zur Familie, zu unseren Freunden, unseren Aufgaben oder unserem Besitz darf nicht den ersten Platz in unserem Herzen einnehmen. Dieser Platz gehört *Gott.*«

*

Nachdem der Meister einen seiner Jünger auf einen Fehler aufmerksam gemacht hatte, sagte er:
»Du darfst nicht empfindlich sein, wenn ich dich zurechtweise. Gerade weil du im Kampf gegen deine egoistischen

1 *2. Buch Mose 20, 3–4*

Gewohnheiten erfolgreich gewesen bist, fahre ich fort, dich auf den Weg der Selbstdisziplin hinzuweisen. Ich segne dich ständig, damit du eine herrliche Zukunft in Gott hast. Heute abend habe ich dich ermahnt, damit du nicht in die Gewohnheit verfällst, deine Pflichten mechanisch zu erfüllen, und nicht vergißt, dich jeden Tag eifrig darum zu bemühen, Gott zu finden.«

*

Eines Abends suchte ein Geistlicher, der einer anderen Kirche angehörte, Paramahansaji auf und sagte niedergeschlagen: »Meine religiösen Vorstellungen sind so verworren!«

»Warum predigen Sie dann?«

»Weil ich gern predige.«

»Sagte Christus uns nicht, daß ein Blinder nicht andere Blinde leiten könne?«[1] gab der Meister zu bedenken. »Ihre Zweifel werden sich auflösen, wenn Sie die Methode lernen, über Gott, die einzige Gewißheit, zu meditieren, und sich täglich darin üben. Wie können Sie anderen Menschen göttliche Erleuchtung vermitteln, ohne daß Er Sie dazu inspiriert?«

*

Begeistert hörten die Jünger in der großen Halle der Einsiedelei von Encinitas dem Meister zu, als er bis spät in die Nacht hinein über tiefe Themen sprach.

Abschließend sagte er: »Ich bin gekommen, um euch die Freude zu beschreiben, die in Gott zu finden ist, eine Freude, die jeder von euch aus eigenem Antrieb entdecken kann – eine Freude, die mich jeden Augenblick meines Lebens durchdringt. Denn Er lebt mit mir, Er spricht mit mir, Er denkt mit mir, Er spielt mit mir, Er führt mich auf allen

1 *Matthäus 15, 14*

Wegen. ›Herr‹, sage ich oft, ›ich mache mir keine Sorgen; denn Du bist immer bei mir. Ich bin glücklich, Dir dienen zu dürfen und als bescheidenes Werkzeug Deinen Kindern zu helfen. Du bist verantwortlich für alle Menschen, die Du mir zuführst – für alle Ereignisse, die Du mir schickst. Ich will die Pläne, die Du für mich hast, nicht dadurch vereiteln, daß ich persönliche Wünsche im Herzen hege.‹«

*

»Tief im Inneren weiß ich, daß ich nur in Gott reines Glück finden kann. Aber es gibt noch viele irdische Dinge, die mich anziehen«, sagte ein junger Mann, der sich überlegte, ob er in den *Self-Realization*-Orden eintreten solle.

»Ein Kind findet es herrlich, mit Sandformen zu spielen; doch wenn es älter wird, verliert es sein Interesse daran«, erwiderte der Meister. »So werden auch Sie, wenn Sie geistig heranreifen, die Freuden der Welt nicht mehr vermissen.«

*

Nach einem Besuch bei einigen Gelehrten sagte der Meister zu den Jüngern:

»Viele Intellektuelle, welche die Propheten zitieren, erinnern mich an Schallplatten. Genauso wie ein Apparat Platten mit heiligen Texten ablaufen läßt, ohne deren Bedeutung zu verstehen, so führen viele Gelehrte die Heilige Schrift im Munde, ohne ihren wahren Sinn zu erfassen. Sie erkennen nicht den tiefen Gehalt der Schriften, der unser Leben verwandeln kann. Solche Menschen gewinnen durch ihr Lesen keine Erkenntnis, sondern nur eine Kenntnis von *Worten*. Sie werden stolz und debattieren gern.«

Er fügte hinzu: »Deshalb rate ich euch allen, weniger zu lesen und mehr zu meditieren.«

*

Der Meister sprach: »In der Schöpfung scheint Gott im Gestein zu schlafen, in den Blumen zu träumen, in den Tieren zu erwachen und im Menschen[1] zu *wissen*, daß Er wach ist.«

*

Nachdem der Meister wieder einmal den Jüngern und anderen Wahrheitssuchern seine Zeit uneingeschränkt zur Verfügung gestellt hatte, suchte er den Frieden eines abgeschiedenen Wochenendhauses in der Wüste auf. Als er mit seiner kleinen Gruppe am Bestimmungsort angelangt und der Motor des Autos abgestellt war, blieb Paramahansaji noch eine Weile still im Wagen sitzen. Er schien in das unermeßliche Schweigen der nächtlichen Wüste eingetaucht. Schließlich sagte er:
»Wo ein Brunnen ist, sammeln sich durstige Menschen. Manchmal jedoch möchte der Brunnen zur Abwechslung einmal allein bleiben.«

*

»In eurem Körper befindet sich eine geheime Tür, die zur Göttlichkeit führt«[2], sagte der Meister. »Beschleunigt eure Entwicklung durch richtige Ernährung und gesunde Le-

1 »Der menschliche Körper ist nicht nur auf dem Wege der Evolution aus der Tierwelt hervorgegangen, sondern wurde durch einen besonderen Schöpfungsakt Gottes erschaffen. Die tierischen Formen waren zu primitiv, um der Göttlichkeit voll Ausdruck zu verleihen; den ersten Menschen wurden als einzigen Lebewesen die okkulten Zentren der Wirbelsäule und der potentiell allwissende ›tausendblättrige Lotos‹ des Gehirns gegeben.« – *Autobiographie eines Yogi*

2 Gott hat den Körper des Menschen – als einzigen unter allen anderen Lebewesen – mit den geheimen Zentren der Wirbelsäule ausgestattet; wer diese (durch Yoga oder – in einigen Fallen – durch glühende Hingabe) erweckt, erlangt göttliche Erleuchtung. Deshalb lehren die heiligen Kräfte der Hindus, daß der menschliche Körper ein kostbares Geschenk ist und daß der Mensch sein Karma nur in einem irdischen Körper abtragen kann. Er wird sich immer wieder auf Erden verkörpern, bis er ein Meister geworden ist. Erst dann hat der menschliche Körper den Zweck erfüllt, um dessentwillen er geschaffen wurde. (Siehe »Wiedergeburt« im Glossar)

bensweise und betrachtet euren Körper als einen Tempel Gottes. Schließt die heilige Tür zur Wirbelsäule durch das Üben wissenschaftlicher Meditationstechniken auf.«

*

»Meister, ich habe immer den Wunsch gehabt, Gott zu suchen, aber ich möchte auch heiraten«, sagte ein Schüler. »Glauben Sie, daß ich dennoch das göttliche Ziel erreichen kann?«

»Ein junger Mann, der zuerst eine Familie gründen will und denkt, daß er Gott später suchen kann, mag einen großen Fehler begehen«, erwiderte der Meister. »Im alten Indien lernten die Kinder zuerst in einer Einsiedelei Selbstdisziplin. Heute fehlt eine solche Schulung überall in der Welt. Der moderne Mensch kann seine Sinne, Triebe, Launen und Wünsche nur wenig beherrschen und läßt sich schnell von seiner Umgebung beeinflussen. Im natürlichen Verlauf der Ereignisse tritt er in den Ehestand und wird mit weltlichen Pflichten überlastet. Meist vergißt er dann, auch nur ein kleines Gebet an Gott zu richten.«

*

»Warum gibt es soviel Leid auf der Welt?« fragte ein Schüler. Der Meister antwortete:

»Das Leiden hat viele Ursachen. Nicht zuletzt soll es den Menschen davor bewahren, zuviel über andere und zuwenig über sich selbst zu lernen. Der Schmerz zwingt ihn schließlich zu der Frage: ›Gibt es irgendein Gesetz von Ursache und Wirkung in meinem Leben? Sind meine Schwierigkeiten das Ergebnis meines falschen Denkens?‹«

*

Ein Schüler, der erkannt hatte, was für eine Bürde ein Heiliger auf sich nimmt, der anderen Menschen helfen will, sagte eines Tages zu Paramahansaji:

»Sir, wenn Ihre Zeit gekommen ist, diese Erde zu verlassen, werden Sie sicher froh sein und nie mehr zurückkehren.«

»Solange es Menschen auf dieser Welt gibt, die um Hilfe rufen, werde ich immer wiederkommen und sie auffordern, mein Boot zu besteigen, um mit mir zu den himmlischen Ufern zu fahren«, entgegnete der Guru.

»Wie könnte ich mich meiner göttlichen Freiheit erfreuen, während andere leiden? Solange ich weiß, daß sie in Not sind (wie ich selbst es sein würde, hätte mir Gott nicht Seine Gnade erwiesen), könnte ich sogar Seine unaussprechliche Glückseligkeit nicht voll genießen.«

*

»Vermeidet eine negative Einstellung zum Leben«, sagte der Meister zu einer Gruppe von Jüngern. »Warum auf die Gosse hinunterblicken, wenn wir von so viel Schönheit umgeben sind? Man kann selbst an den größten Meisterwerken der Kunst, Musik und Literatur noch etwas auszusetzen finden. Ist es aber nicht besser, sich an ihrer Pracht und Schönheit zu freuen?

Das Leben hat eine helle und eine dunkle Seite, denn die Welt der Relativität setzt sich aus Licht und Schatten zusammen. Wenn ihr euren Gedanken erlaubt, sich auf das Häßliche zu konzentrieren, werdet ihr selbst häßlich. Sucht überall nur nach dem Guten, damit ihr das Schöne in euch aufnehmt!«

*

»Meister, ich bin mir nur dieses gegenwärtigen Lebens bewußt. Warum kann ich mich nicht an frühere Inkarnationen[1] erinnern, und warum weiß ich nichts über ein zukünftiges Dasein?« fragte ein Jünger. Paramahansaji erwiderte: »Das Leben gleicht einer langen Kette, die im Ozean Gottes liegt. Wenn ein Stück der Kette aus dem Wasser herausgezogen wird, siehst du nur diesen kleinen Teil; Anfang und Ende bleiben verborgen. In dieser Inkarnation siehst du nur ein einziges Glied der Lebenskette. Vergangenheit und Zukunft aber ruhen unsichtbar in Gottes Tiefe. Er enthüllt ihr Geheimnis nur jenen Gottsuchern, die völlig im Einklang mit Ihm sind.«

*

»Glauben Sie an die Göttlichkeit Christi?« fragte ein Besucher. Der Meister antwortete:
»Ja. Ich spreche sehr gern über ihn, denn er besaß vollkommene Selbst-Verwirklichung. Er war jedoch nicht der *einzige* Sohn Gottes, noch behauptete er dies. Statt dessen lehrte er unmißverständlich, daß jeder, der den Willen Gottes tut, genau wie er eins mit Ihm wird. War es nicht Jesu Aufgabe auf Erden, alle Menschen daran zu erinnern, daß Gott ihr Himmlischer Vater ist, und ihnen den Weg zu zeigen, der zu Ihm zurückführt?«

*

»Ich finde es nicht gerecht, daß der Himmlische Vater so viel Elend in der Welt zuläßt«, bemerkte ein Schüler. Paramahansaji erwiderte:
»In Gottes Plan gibt es keine Grausamkeit; denn in Seinen Augen gibt es weder Gut noch Böse – nur Bilder aus Licht und Schatten. Der Herr wollte, daß wir den gegensätzlichen Szenen des Lebens ebenso zuschauen wie Er selbst – der ewig freudige Zeuge eines gewaltigen kosmischen Dramas.

1 Siehe »Wiedergeburt« im Glossar

Doch der Mensch hat sich fälschlicherweise mit der Pseudo-Seele oder dem Ich identifiziert. Sobald er seine Wesenseinheit mit der unsterblichen Seele wiedererkennt, entdeckt er, daß alle Schmerzen unwirklich sind. Dann kann er sich den Zustand des Leidens nicht einmal mehr *vorstellen.*«
Der Guru fügte hinzu: »Gott läßt es zu, daß große Meister, die auf die Erde kommen, um ihren verirrten Brüdern zu helfen, auf einer gewissen Ebene ihres Bewußtseins Anteil am Leiden der Menschheit nehmen. Diese mitfühlende Anteilnahme am menschlichen Erleben beeinträchtigt jedoch nicht die tieferen Bewußtseinsschichten der Heiligen, in denen sie nur unwandelbare Glückseligkeit empfinden.«

*

Aufrichtigen Gottsuchern sagte der Meister oft: »Ein Lied, das ihr ständig vor euch hinsummen sollt, ohne daß jemand euch hört, ist dies: ›O Herr, ich will Dein eigen sein.‹«

*

Ein Jünger hatte sich dazu entschlossen, die Einsiedelei zu verlassen, und sagte zu Paramahansaji:
»Wo ich auch sein mag, ich werde immer meditieren und Deine Lehren befolgen.«
»Nein, das wird dir nicht gelingen«, entgegnete der Meister. »Du gehörst hierher. Wenn du zu deinem früheren Leben zurückkehrst, wirst du diesen Weg vergessen.«
Der Schüler reiste jedoch ab. Er vernachlässigte seine Meditationsübungen und verstrickte sich ins weltliche Leben. Der Guru trauerte um sein »verlorenes Schäfchen« und sagte zu seinen Jüngern:
»Das Böse hat große Macht. Wenn ihr euch auf seine Seite schlagt, läßt es euch nicht mehr los. Darum müßt ihr,

wenn ihr einen Irrtum begangen habt, sofort wieder auf den richtigen Weg zurückkehren.«

*

»Wenn jemand behauptete: ›Ich bin Gott‹, würdet ihr ihm kaum glauben«, sagte der Meister zu einer Gruppe von Jüngern. »Doch wir alle dürfen mit Recht behaupten: ›Gott ist zu meinem Ich geworden.‹ Aus welcher anderen Substanz könnten wir sonst geschaffen sein? Er ist der einzige Urstoff der Schöpfung. Bevor Er die Welt der Erscheinungen ins Leben rief, existierte nur Er als GEIST. Aus Seinem Wesen schuf Er alles: das Universum und die Seelen der Menschen.«

*

»Soll ich Bücher lesen?« fragte ein Jünger.
»Das Studium der heiligen Schriften kann deine Sehnsucht nach Gott vertiefen, wenn du langsam Abschnitt für Abschnitt liest und den tieferen Sinn zu erfassen versuchst«, antwortete der Meister. »Doch die heiligen Schriften zu lesen, ohne sich im täglichen Leben danach zu richten, führt zu Eitelkeit, Überheblichkeit und – wie ich es nennen möchte – ›intellektuellen Verdauungsstörungen‹.
Viele Menschen müssen sich mit weltlicher Literatur befassen, um ihren Lebensunterhalt zu verdienen; ein Mönch wie du sollte jedoch keine weltlichen Bücher lesen, auf deren Seiten nichts über Gott steht.«

*

»Befindet sich die Schöpfung tatsächlich in einem Evolutionsprozeß?« fragte ein Jünger.
»Der Gedanke der Evolution wird dem menschlichen Geist von Gott eingegeben und hat in der Welt der Relativität

Gültigkeit«, antwortete der Meister. »Tatsächlich aber geschieht alles in der Gegenwart. Im GEIST gibt es keine Entwicklung – wie auch der Lichtstrahl, der all die wechselvollen Filmszenen auf die Leinwand projiziert, unverändert bleibt. Gott kann den Film der Schöpfung vorwärts oder rückwärts laufen lassen, aber in Wirklichkeit spielt sich alles im ewigen *Jetzt* ab.«

*

»Wenn man für Gott und nicht für sich selbst arbeitet, heißt das, daß man nicht ehrgeizig sein darf?« fragte ein Jünger.
»Nein, du mußt sogar Ehrgeiz haben, um viel für Gott leisten zu können«, sagte der Meister. »Wenn dein Wille schwach und dein Ehrgeiz erloschen ist, hast du dein Leben schon verwirkt. Achte aber darauf, daß dein Ehrgeiz keine weltlichen Bindungen hervorruft.
Nur für sich selbst zu arbeiten, ist verderblich; für andere Menschen zu arbeiten, erweitert das Bewußtsein; am besten jedoch ist es, für Gott zu arbeiten. Das führt dich unmittelbar in Seine Gegenwart.«

*

»Ich fühle mich sehr zu einem Leben in der Einsiedelei hingezogen«, sagte ein Mann zu Paramahansaji, »aber ich kann mich nicht entschließen, meine Freiheit aufzugeben.«
»Ohne Gottverwirklichung haben Sie nicht viel Freiheit«, erwiderte der Meister. »Ihr Leben wird von Trieben, Launen, Stimmungen, Gewohnheiten und von der Umgebung beherrscht. Wenn Sie aber den Anweisungen eines Gurus folgen und sich seiner Schulung anvertrauen, werden Sie sich allmählich aus der Knechtschaft der Sinne befreien. Freiheit bedeutet die Fähigkeit, sich von der Seele und nicht vom Zwang der Wünsche und Gewohnheiten leiten zu las-

sen. Wer dem Ich gehorcht, wird zum Sklaven; wer der Seele gehorcht, wird frei.«

*

»Sir, gibt es außer dem *Kriya-Yoga* noch eine andere wissenschaftliche Methode, die den Suchenden zu Gott führt?« fragte ein Schüler.

»Ja«, erwiderte der Meister, »ein sicherer und schneller Weg zum Unendlichen besteht darin, die Aufmerksamkeit ständig auf das Christuszentrum[1] zwischen den Augenbrauen gerichtet zu halten.«

*

»Ist es schlimm, wenn man Zweifel hat? Ich halte nicht viel vom blinden Glauben«, sagte ein Schüler. Der Meister erwiderte:

»Es gibt zwei Arten des Zweifels: den unfruchtbaren und den fruchtbaren. Unfruchtbarer Zweifel besteht in einem gewohnheitsmäßigen Skeptizismus. Wer ihm verfallen ist, zweifelt blindlings an allem und scheut die Mühe einer objektiven Untersuchung. Skeptizismus ist eine Störung im Radio des menschlichen Geistes, durch die man den Sender der Wahrheit verliert.

Fruchtbarer Zweifel bedeutet, daß man vernünftige Fragen stellt und eine Sache ehrlich prüft. Wer diese Einstellung hat, ist weder voreingenommen, noch hält er die Meinung anderer Menschen ohne weiteres für richtig. Wer auf dem geistigen Weg fruchtbare Zweifel hegt, gründet seine Schlußfolgerungen nur auf eigene Versuche und Erfahrungen; und das ist der richtige Zugang zur Wahrheit.«

*

1 Siehe »geistiges Auge« im Glossar

»Warum sollte sich euch Gott so leicht ergeben?« sagte der Meister während eines Vortrages, »euch, die ihr hauptsächlich für Geld arbeitet und so wenig tut, um Gott zu finden! Die Hindu-Heiligen versichern uns, daß Gott uns erscheinen oder sich uns auf irgendeine Weise zu erkennen geben wird, wenn wir nur 24 Stunden lang ununterbrochen zu Ihm beten. Selbst wenn wir bloß eine Stunde am Tag tief meditieren, wird Er zu gegebener Zeit zu uns kommen.«

*

Paramahansaji hatte einem intellektuell veranlagten Jünger den Rat gegeben, tiefere Hingabe zu entwickeln. Als der Meister sah, daß der junge Mann gute Fortschritte machte, sagte er eines Tages liebevoll zu ihm:
»Bleib auf diesem Weg der Hingabe. Wie nüchtern ist doch dein Leben gewesen, als du dich nur auf den Verstand verlassen hast.«

*

»Wünsche sind die unerbittlichsten Feinde des Menschen, denn man kann sie nie befriedigen«, sagte der Meister. »Habt nur den einen Wunsch: Gott zu finden. Befriedigung der Sinne kann *euch* nie zufriedenstellen; denn ihr seid nicht die Sinne. Sie sind bloß eure Diener, nicht euer wahres Selbst.«

*

Als Paramahansaji mit seinen Jüngern im Wohnzimmer der Einsiedelei vor dem Kamin saß und über geistige Themen sprach, sagte er:
»Stellt euch zwei Menschen vor: zu ihrer Rechten liegt das Tal des Lebens und zur Linken das Tal des Todes. Beide besitzen Vernunft, aber der eine geht nach rechts, der andere nach links. Warum? Weil der eine seine Unterschei-

dungskraft richtig anwendet, während der andere sie mißbraucht und auf diese Weise zu Trugschlüssen gelangt.«

*

»Meister, Dr. Lewis war Dein erster Jünger in diesem Land, nicht wahr?«
Paramahansaji antwortete: »So sagt man.«
Als er bemerkte, daß der Fragende ein wenig verblüfft war, fügte der Meister hinzu:
»Ich sage nie, daß andere meine Jünger seien. Gott ist der Guru, deshalb sind sie Seine Jünger.«

*

Ein Schüler bedauerte die Tatsache, daß in fast allen Zeitungen die Berichte über das Böse in der Welt vorherrschten.
»Das Böse verbreitet sich mit dem Wind«, sagte der Meister. »Die Wahrheit kann auch gegen den Wind segeln.«

*

Viele fragten den Meister, wie alt er sei. Dann lachte er und sagte:
»Ich habe kein Alter. Ich existierte schon vor den Atomen – noch ehe die Schöpfung erwachte.«
Seinen Jüngern gab er folgenden Rat:
»Prägt euch folgende Wahrheit ein: ›Ich bin das unendliche Meer, das zu vielen Wellen geworden ist. Ich bin ewig und unsterblich. Ich bin GEIST.‹«

*

»Was hindert die Erde daran, ihre Bahn zu verlassen?« fragte Paramahansaji einen Jünger.

»Die Zentripetal- oder Anziehungskraft der Sonne, Sir, welche die Erde davor bewahrt, sich im Weltall zu verlieren«, antwortete der junge Mann.

»Und was hindert die Erde daran, ganz in die Sonne hineingezogen zu werden?« fragte der Meister weiter.

»Die Zentrifugalkraft der Erde, Sir, durch die sie sich in einem gewissen Abstand von der Sonne hält.«

Der Meister lächelte vielsagend. Später erst erkannte der Jünger, daß Paramahansaji allegorisch von Gott als der anziehenden Sonne und vom egoistischen Menschen als der Erde, die »Abstand wahrt«, gesprochen hatte.

*

Ein Schüler versuchte nur durch verstandesmäßige Analyse zu erfassen, was Gott sei. Ihm sagte der Meister:

»Glaube nicht, daß du den Unendlichen Gott mit dem Verstand erfassen kannst. Der Verstand kann nur das Prinzip von Ursache und Wirkung begreifen, das für die Welt der Erscheinungen zutrifft. Aber er ist nicht imstande, die transzendente Wahrheit und das Wesen des Ursachlosen Absoluten zu verstehen.

Die höchste Fähigkeit des Menschen ist nicht sein Verstand, sondern seine Intuition; sie bezieht ihr Wissen unmittelbar und spontan von der Seele und nicht durch die unzuverlässige Vermittlung der Sinne oder des Verstandes.«

*

Als der Meister eine Meinungsverschiedenheit zwischen zwei Schülern beigelegt hatte, sagte er: »Die Menschheit hat nur einen wirklichen Feind: die Unwissenheit. Laßt uns alle gemeinsam daran arbeiten, diese zu vernichten, indem wir uns gegenseitig beistehen und Mut zusprechen.«

*

»Wie kann Gott, das Unmanifestierte Absolute, einem Gläubigen in sichtbarer Gestalt[1] erscheinen?« fragte ein Mann.

Der Meister sagte: »Wenn Sie zweifeln, werden Sie nichts sehen; und wenn Sie sehen, werden Sie nicht mehr zweifeln.«

*

»Aber, Sir«, verteidigte sich ein Jünger, »ich wußte doch nicht, daß meine Worte M. so tief verletzen würden.« Der Meister entgegnete:

»Auch wenn wir ein Gesetz unwissentlich übertreten oder jemand unabsichtlich kränken, haben wir dennoch ein Unrecht begangen. Es ist der Egoismus, der uns mißleitet. Die Heiligen handeln nie unrichtig; denn sie haben ihr Ich besiegt und ihr wahres Selbst in Gott gefunden.«

*

Ein Jünger hatte seinen Abscheu vor einem Verbrecher bekundet, dessen Untaten gerade in allen Zeitungen erörtert worden waren.

»Ich habe Mitleid mit einem Menschen, der krank ist«, sagte der Meister. »Warum sollte ich jemanden hassen, der dem Bösen verfallen ist? Er ist *wirklich* krank.«

*

»Wenn die Mauern eines Staubeckens brechen«, sagte der Meister, »strömt das Wasser nach allen Richtungen aus. Ähnlich ist es, wenn man durch Meditation die Schranken der Ruhelosigkeit[2] und Täuschung beseitigt; dann breitet

1 Siehe »Göttliche Mutter« im Glossar
2 Siehe »Atem« im Glossar

sich das Bewußtsein des Menschen ins Unendliche aus und geht in die Allgegenwart des GEISTES ein.«

*

»Warum hat uns der Herr eine Familie gegeben, wenn wir sie nicht mehr lieben sollen als andere Menschen?« fragte ein Schüler.

»Gott stellt uns in eine Familie hinein, um uns Gelegenheit zu geben, unsere Selbstsucht zu überwinden, und es leichter für uns zu machen, an andere zu denken«, antwortete der Meister. »In der Freundschaft zeigt Er uns einen Weg, die Liebe zu unseren Mitmenschen noch weiter auszudehnen. Aber auch das ist noch nicht genug; wir müssen fortfahren, unsere Liebe zu erweitern, bis sie göttlich geworden ist und alle Lebewesen umfaßt. Wie können wir sonst die Vereinigung mit Gott, dem Schöpfer aller Dinge, erreichen?«

*

Der Guru erklärte Gottes geduldige Liebe auf ergreifende Weise, als er sagte:

»In einer seiner Ausdrucksformen, die sehr zu Herzen geht, kann man den Herrn mit einem Bettler vergleichen. Er sehnt sich danach, von uns beachtet zu werden. Der Meister des Universums, vor dessen Anblick alle Sterne, Sonnen, Monde und Planeten erzittern, läuft dem Menschen nach und ruft: ›Willst du Mir nicht deine Liebe schenken? Liebst du Mich, den Geber aller Gaben, nicht mehr als die Dinge, die Ich für dich erschaffen habe? Willst du Mich nicht suchen?‹

Aber der Mensch sagt: ›Ich hab' jetzt zu viel zu tun, ich muß arbeiten. Ich hab' keine Zeit, Dich zu suchen.‹

Und der Herr sagt: ›Dann will Ich warten.‹«

*

Der Meister sprach über die Schöpfung – warum der Herr sie erschaffen habe –, und die Jünger stellten viele Fragen. Da sagte Paramahansaji lachend:

»Dieses Leben ist ein meisterhafter Roman, den Gott selbst geschrieben hat, und der Mensch würde wahnsinnig werden, wenn er versuchte, ihn nur mit seinem Verstand zu erfassen. Deshalb rate ich euch, mehr zu meditieren. Erweitert den magischen Kelch eurer Intuition, dann werdet ihr imstande sein, das Meer unendlicher Weisheit aufzunehmen.«

*

»Wenn ich Sie recht verstehe, so haben Sie zwei Arten von Mitgliedern – solche, die in der Welt leben, und solche, die der Welt entsagen und in der Einsiedelei leben«, sagte ein Besucher. »Welche haben den besseren Weg gewählt?«

»Einige Menschen lieben Gott so sehr, daß nichts anderes mehr wichtig für sie ist. Deshalb entsagen sie allem und arbeiten hier für Gott allein«, erwiderte der Meister. »Wer jedoch in der Welt arbeiten muß, um sich und seine Familie zu ernähren, ist von der Vereinigung mit Gott nicht ausgeschlossen. Meistens braucht er nur länger, bis er Gott findet, das ist alles.«

*

Ein Mann beklagte sich darüber, daß ihm alles mißglücke. »Es muß an meinem Karma liegen«, meinte er. »Mir scheint überhaupt nichts zu gelingen.«

»Dann müssen Sie sich eben mehr anstrengen«, erwiderte der Meister. »Vergessen Sie die Vergangenheit und vertrauen Sie mehr auf Gott. Er hat unser Schicksal nicht vorherbestimmt; auch ist unser Karma nicht der einzige Faktor, obgleich unser Leben von unseren ehemaligen Gedanken und Taten *beeinflußt* wird. Wenn Sie mit Ihrem Leben nicht zufrieden sind, ändern Sie es! Ich höre es nicht gern, wenn jemand stöhnt und sein jetziges Versagen nur auf die Fehler vergangener Leben zurückführt; das ist ein Zeichen geistiger Trägheit. Machen Sie sich an die Arbeit und jäten Sie das Unkraut im Garten Ihres Lebens aus!«

*

»Warum straft Gott nicht jene Menschen, die Seinen Namen lästern?« fragte ein Schüler. Der Meister sagte:
»Gott läßt sich weder von unaufrichtigen Gebeten und Lobreden noch von törichten atheistischen Ausbrüchen beeindrucken. Er antwortet dem Menschen nur durch Seine Gesetze. Wenn du mit dem Knöchel an einen Stein stößt oder Schwefelsäure trinkst, mußt du die Folgen tragen. Wenn du Seine Gesetze, die alles Leben regieren, übertrittst, mußt du darunter leiden. Wenn du richtig denkst und edel handelst, wirst du Frieden finden. Und wenn du Gott bedingungslos liebst, wird Er zu dir kommen.«

*

»Der größte Mensch ist der, welcher sich selbst für den geringsten hält, wie Jesus lehrte«, sagte Paramahansaji. »Ein echter Führer muß zuerst lernen, anderen zu gehorchen; er betrachtet sich als Diener aller und stellt sich nie in den Vordergrund. Wer Anerkennung heischt, verdient unsere Bewunderung nicht; doch wer uns dient, hat ein Anrecht auf unsere Liebe. Ist nicht Gott der Diener Seiner Kinder, und verlangt Er etwa nach unserem Lob? Nein, Er ist zu groß, um sich davon bewegen zu lassen.«

*

Der Meister gab einigen seiner Jünger, die als Geistliche tätig waren, Ratschläge, wie sie ihre Predigten vorbereiten sollten, und sagte u. a.:

»Meditiert zuerst tief. Dann haltet an dem Frieden fest, den ihr durch die Meditation gewonnen habt, und denkt über das Thema eurer Predigt nach. Schreibt eure Gedanken nieder und flechtet auch ein oder zwei lustige Geschichten ein, denn die Leute lachen gern; schließt mit einem Zitat aus den SRF-Lehrbriefen[1]. Dann legt eure Notizen beiseite und denkt nicht mehr daran. Kurz bevor ihr in der Kirche eure Predigt haltet, bittet den GEIST, daß Er durch eure Worte hindurchfließen möge. Auf diese Weise erhaltet ihr eure Inspiration von Gott und nicht von eurem kleinen Ich.«

*

Eine Frau sagte dem Meister, daß sie zwar regelmäßig seine Gottesdienste besuche, sich aber Gott dadurch um nichts näher fühle. Paramahansaji erwiderte:

»Wenn ich Ihnen eine Frucht beschreibe und erzähle, welche Farbe sie hat, wie süß sie ist und wie sie heranreift, dann wissen Sie nur das Unwesentliche darüber. Wenn Sie wissen wollen, wie sie wirklich schmeckt, müssen Sie sie selber essen. Ähnlich verhält es sich mit der Wahrheit: Um sie wirklich verstehen zu können, muß man sie erleben.«

Er fügte hinzu: »Ich kann nur Ihren Appetit nach der göttlichen Frucht anregen. Warum greifen Sie nicht zu und beißen einmal hinein?«

*

»Wir alle gleichen den Wellen auf dem Meer«, sagte der Meister. »Das Meer kann ohne Wellen bestehen, aber die

1 Siehe Glossar

Wellen nicht ohne das Meer. Ebenso kann auch der GEIST ohne den Menschen existieren, aber der Mensch nicht ohne den GEIST.«

*

Ein Schüler bemühte sich ohne großen Erfolg darum, seine Schwächen zu überwinden. Da sagte ihm der Meister: »Ich verlange vorläufig nicht von dir, daß du die *Maya* überwindest; alles, was ich verlange, ist, daß du ihr *Widerstand* leistest.«

*

Einem neuen Schüler, der eifrig darauf bedacht war, den Prüfungen des Lebens auszuweichen, sagte der Meister: »Der Göttliche Arzt behält dich so lange im Krankenhaus irdischer Täuschung, bis du von deinem krankhaften Verlangen nach materiellen Dingen geheilt bist. Dann läßt Er dich nach Hause gehen.«

*

Während eines Vortrags an der Ostküste begegnete der Meister einem angesehenen Geschäftsmann. Im Laufe der Unterhaltung bemerkte der Mann:
»Ich bin unverschämt gesund und unverschämt reich.«
»Aber Sie sind nicht unverschämt glücklich, oder?« fragte Paramahansaji.
Der Mann mußte dies zugeben und wurde zu einem treuen Schüler von Paramahansajis *Kriya-Yoga*-Lehre.

*

Der Meister führte folgende Bibelstelle an: »Siehe, ich stehe vor der Tür und klopfe an. Wenn jemand meine Stimme hören wird und die Tür auftun, zu dem werde ich eingehen

und das Abendmahl mit ihm halten und er mit mir«[1], und erklärte dazu:
»Christus versucht, durch die Tür eures Herzens einzutreten; aber ihr habt sie mit eurer Gleichgültigkeit verriegelt.«

*

»Es ist gut, Sir, daß Sie gerade jetzt in Amerika lehren. Nach zwei Weltkriegen sind die Menschen für Ihre geistige Botschaft empfänglicher geworden«, erklärte ein Mann, der kürzlich die *Autobiographie eines Yogi* gelesen hatte.
»Ja«, erwiderte der Meister. »Vor fünfzig Jahren noch wären sie gleichgültig geblieben. ›Ein jegliches hat seine Zeit, und jedes Vorhaben unter dem Himmel hat seine Stunde.‹«[2]

*

Als die *Self-Realization Fellowship*, die vom Meister gegründete Organisation, rasch anwuchs, bemerkte er, daß einige Jünger ganz und gar in ihrer Arbeit aufgingen. Da warnte er sie: »Seid nie so beschäftigt, daß ihr nicht mehr heimlich zu Gott singen könnt: ›Du bist mein; ich bin Dein.‹«

*

Als der Meister bemerkte, daß ein Jünger in traurige Stimmung verfallen war, sagte er ihm liebevoll:
»Wenn der Dorn des Kummers in dein Herz dringt, entferne ihn mit dem Dorn der Meditation.«

*

»Dies ist kein Weg für Müßiggänger«, sagte der Meister während einer kleinen Begrüßungsansprache zu einem

1 *Offenbarung 3, 20*
2 *Prediger 3, 1*

Neuankömmling im Mount-Washington-Zentrum. »Träge Menschen können Gott, der unermüdlich in der Schöpfung tätig ist, nicht finden. Er hilft nicht denen, die meinen, sie könnten alle Arbeit Ihm überlassen. Doch Er hilft heimlich allen, die ihre Pflichten freudig und richtig erfüllen und sagen: ›Du bist es, Herr, der durch meinen Verstand und meine Hände wirkt.‹«

*

Ein Schüler klagte darüber, daß er so viel zu tun habe und deshalb nicht meditieren könne. Die Antwort des Meisters war kurz und bündig:
»Was geschähe, wenn Gott zu beschäftigt wäre, um sich um *dich* zu kümmern?«

*

»Der menschliche Körper ist ein Gedanke im Geist Gottes«, sagte der Meister. »Er schuf uns aus Strahlen unvergänglichen Lichts[1] und schloß uns in die Glühbirne des Körpers ein. Wir haben unsere Aufmerksamkeit auf die zerbrechliche Glühbirne gerichtet statt auf die darin enthaltene unvergängliche Lebensenergie.«

*

»Für mich befindet sich Gott in nebelhafter Ferne«, äußerte sich ein Schüler.
»Gott scheint dir nur deshalb so fern, weil du deine Aufmerksamkeit nach außen auf Seine Schöpfung richtest und nicht nach innen auf Ihn«, sagte der Meister. »Immer wenn sich dein Geist im Irrgarten zahlloser weltlicher Gedanken verliert, hole ihn geduldig zurück, damit er sich an den Gott erinnert, der in dir selber wohnt. Mit der Zeit wirst du

1 »Wenn dein Auge einfältig ist, so wird dein ganzer Körper licht sein.« – *Matthäus* 6, 22

erkennen, daß Er dir immer nahe ist – ein Gott, der in deiner eigenen Sprache zu dir spricht, ein Gott, dessen Antlitz dir aus jeder Blume, jedem Busch und jedem Grashalm entgegenblickt.
Dann wirst du sagen: ›Ich bin frei! Ich bin in das durchsichtige Gewand des GEISTES gehüllt; ich fliege auf Schwingen des Lichts von der Erde zum Himmel!‹ Und welche Freude wird dann dein Herz überfluten!«

*

»Kannst Du auf den ersten Blick den Entwicklungsgrad eines Menschen feststellen?« fragte ein Jünger Paramahansaji.
»Sofort«, erwiderte der Meister ruhig. »Ich sehe die verborgene Seite des Menschen; denn das ist meine Aufgabe im Leben. Aber ich spreche nicht über meine Entdeckungen. Wer stolz behauptet, er wisse, weiß nicht Bescheid. Wer wirklich weiß, weil er Gott kennt, schweigt darüber.«

*

Einer Jüngerin, die den Meister wiederholt gebeten hatte, ihr Gotteserkenntnis zu vermitteln, aber nichts tat, um sich auf einen derartigen Bewußtseinszustand vorzubereiten, sagte der Meister:
»Wer Gott wahrhaft liebt, kann in seinen irrenden Brüdern und Schwestern den Wunsch erwecken, wieder zu Gott zurückzukehren; doch den eigentlichen Heimweg muß jeder selber, Schritt für Schritt, zurücklegen.«

*

Jedes Jahr pflegten sich die Jünger am Tag vor Weihnachten im Mount-Washington-Zentrum zu versammeln, um mit dem Meister zu meditieren. Diese heilige Zusammenkunft dauerte gewöhnlich den ganzen Tag bis in die Abendstunden hinein. Während der Weihnachtsmeditation im Jahre 1948 erschien dem Meister die Göttliche Mutter, und die von Ehrfurcht erfüllten Jünger hörten ihn zu Ihr sprechen. Mehrmals rief er tief seufzend aus: »Oh, wie wunderschön Du bist!«

Paramahansaji teilte vielen der anwesenden Jünger mit, was die Göttliche Mutter künftig von ihnen erwarte. Plötzlich rief er aus:

»Geh nicht fort! Du sagst, daß die unterbewußten weltlichen Wünsche dieser Menschen Dich vertreiben? O komm zurück! Komm zurück!«

*

»Ich habe nie an den Himmel glauben können, Meister«, bemerkte ein neuer Schüler. »Gibt es wirklich einen solchen Ort?«

»Ja«, antwortete Paramahansaji. »Wer Gott liebt und auf Ihn vertraut, geht nach seinem Tode dorthin. Auf jener Astralebene[1] kann man alles sofort durch die Kraft der Gedanken materialisieren. Der Astralkörper besteht aus schimmerndem Licht. In diesem Bereich gibt es Farben und Klänge, von denen man auf Erden nichts ahnt. Es ist eine wunderschöne und erfreuliche Welt, aber selbst das Erlebnis des Himmels stellt noch nicht den höchsten Zustand dar. Der Mensch erreicht die allerhöchste Glückseligkeit erst dann, wenn er die Welt der Erscheinungen hinter sich läßt und sowohl Gott als auch sich selbst als Absoluten GEIST erlebt.«

*

1 Siehe »Astralwelt« im Glossar

»Ein Diamant und eine Kohle, die dicht nebeneinanderliegen, empfangen in gleichem Maße die Strahlen der Sonne; doch erst, wenn die Kohle hell und klar wie ein Diamant geworden ist, kann sie das Sonnenlicht widerspiegeln«, sagte der Meister. »Ähnlich kann ein gewöhnlicher Mensch, der in geistiger Dunkelheit lebt, an Schönheit nicht mit einem geläuterten Gottsucher verglichen werden, der fähig ist, Gottes Licht widerzuspiegeln.«

*

»Vermeidet allen Klatsch und verbreitet keine Gerüchte«, sagte der Meister zu einer Gruppe von Jüngern. »Wenn ihr einer Lüge einen Zeitvorsprung von 24 Stunden gebt, kann sie unsterblich werden.

Ein gewisser Mann, der früher in unserer Einsiedelei lebte, verbreitete oft Unwahrheiten über andere. Eines Tages setzte er ein unbegründetes Gerücht über einen Jungen in Umlauf. Als ich davon hörte, flüsterte ich einigen Leuten eine harmlose, aber unwahre Geschichte über diesen Mann zu.

Bald darauf kam er zu mir und sagte entrüstet: ›Haben Sie gehört, was sich die Leute über mich erzählen?‹ Ich hörte ihm höflich zu. Als er zu Ende war, bemerkte ich:

›Das gefällt Ihnen wohl nicht?‹

›Natürlich nicht!‹

›Jetzt wissen Sie, wie dem Jungen zumute war, als andere Leute die Lüge weitererzählten, die Sie über ihn verbreitet hatten.‹ Der Mann war äußerst bestürzt. Ich aber fuhr fort: ›Ich war es, der die Geschichte über Sie in Umlauf setzte. Ich tat es, um Ihnen eine Lektion zu erteilen, damit Sie künftig mehr Rücksicht auf andere nehmen – eine Lektion, die Sie auf keine andere Weise lernen konnten.‹«

*

»Ihr müßt eure Meditationen vertiefen«, sagte der Meister einigen seiner Jünger. »Sobald ihr Unruhe aufkommen laßt, beginnt das alte Übel von neuem: sexuelles Verlangen, der Wunsch nach Wein und Geld.«

*

»Der Mensch scheint nur wenig freien Willen zu haben«, bemerkte ein Schüler. »Mein Leben ist in so mancher Hinsicht festgefahren.«

»Beschäftige dich mit Gott, dann wirst du sehen, wie du die Fesseln der Gewohnheit und der Umgebung abschütteln kannst«, erwiderte der Meister. »Zwar verläuft das Drama des Lebens nach einem kosmischen Plan, aber der Mensch kann seine Rolle ändern, indem er das Zentrum seines Bewußtseins verlagert. Betrachtet er sich als das Ich, ist er gebunden; erkennt er sich als die Seele, ist er frei.«

*

Ein Besucher des Mount-Washington-Zentrums sagte zu Paramahansaji:

»Ich glaube an Gott. Doch geholfen hat Er mir noch nie!«

»An Gott glauben und auf Gott vertrauen ist zweierlei«, erwiderte der Meister. »Der Glaube ist wertlos, wenn man nicht versucht, ihn im täglichen Leben zu erproben und danach zu leben. Wenn der Glaube zu wahrem Erleben wird, gewinnt man auch Vertrauen. Deshalb erklärte der Prophet Maleachi: ›und prüft mich hiermit, spricht der Herr Zebaoth, ob ich euch nicht des Himmels Fenster auftun werde und Segen herabschütten die Fülle.‹«[1]

1 *Maleachi 3, 10*

*

Ein Schüler hatte einen schwerwiegenden Irrtum begangen und jammerte: »Ich habe immer versucht, mir gute Gewohnheiten anzueigenen. Deshalb kann ich nicht verstehen, daß gerade mir ein solches Mißgeschick zustoßen mußte!«
»Dein Fehler bestand darin, daß du dich zu sehr auf deine guten Gewohnheiten verlassen und es versäumt hast, richtiges Urteilsvermögen zu entwickeln«, sagte der Meister. »Deine guten Gewohnheiten helfen dir in alltäglichen und vertrauten Situationen, aber sie genügen nicht, wenn plötzlich ein neues Problem auftaucht; dann braucht man Unterscheidungskraft. Durch tiefe Meditation wirst du lernen, in jeder Lebenslage die richtige Entscheidung zu treffen, auch wenn außergewöhnliche Umstände eintreten.« Er fügte hinzu:
»Der Mensch ist kein Automat und kann deshalb nicht nur aufgrund fester Regeln und starrer Moralvorschriften ein richtiges Leben führen. Die Vielfalt täglicher Probleme und Ereignisse gibt uns reichlich Gelegenheit, ein gesundes Urteilsvermögen zu entwickeln.«

*

Eines Tages tadelte Paramahansaji einen Mönch wegen schlechten Betragens. Der Jünger fragte: »Aber Ihr verzeiht mir doch, Sir, nicht wahr?«
Da sagte der Meister: »Was bleibt mir wohl anderes übrig?«

*

Eine größere Gruppe von Jüngerinnen verschiedenen Alters nahm an einem fröhlichen Picknick teil, das der Meister auf dem Grundstück des *Self-Realization*-Aschrams in Encinitas veranstaltete. Von dort hat man einen herrlichen Ausblick auf den pazifischen Ozean. Paramahansaji sagte: »Ist das nicht viel schöner als all die Zerstreuungen, mit denen ruhelose weltliche Menschen ihre Zeit vergeuden? Jede von euch wird reicher an Frieden und Glück. Gott will, daß Seine Kinder einfach leben und sich an harmlosen Vergnügen erfreuen.«

*

»Kümmert euch nicht um die Fehler anderer«, sagte der Meister. »Macht vom Scheuersand der Weisheit Gebrauch, um die Kammern eures eigenen Geistes hell und sauber zu halten. Euer Beispiel wird andere dazu anregen, ihr eigenes Haus zu reinigen.«

*

Zwei Jünger, die sich zu Unrecht über einen ihrer Brüder aufregten, trugen ihre Beschwerde dem Meister vor. Er hörte schweigend zu, und als sie fertig waren, sagte er: »Ändert euch selbst!«

*

»Schulen Sie den Willen Ihrer Kinder so, daß sie allein den richtigen Weg finden und frei von Egoismus werden, denn der macht sie schließlich nur unglücklich«, sagte der Meister zu einer Mutter. »Unterdrücken Sie ihren Freiheitsdrang nicht und setzen Sie ihnen nicht unnötig Widerstand entgegen. Geben Sie ihnen liebevolle Ratschläge und haben Sie Verständnis für die Wichtigkeit ihrer kleinen Wünsche. Wenn Sie die Kinder strafen, anstatt vernünftig mit ihnen zu reden, verlieren Sie ihr Vertrauen. Wenn ein Kind widerspenstig ist, erklären Sie ihm Ihren Standpunkt nur einmal und sagen Sie dann nichts mehr. Lassen Sie es ruhig mit dem Kopf gegen die Wand rennen; dadurch wird es schneller zur Einsicht kommen als durch alle lehrreichen Worte.«

[Bei der Schulung seiner Jünger – seiner eigenen geistigen Familie – folgte Paramahansaji immer diesem Grundsatz und half seinen »Kindern« aller Altersstufen, ihren Willen auf die richtige Weise zu entwickeln. Er gab seine Ratschläge liebevoll und berücksichtigte dabei die Wesensart und die besonderen Bedürfnisse jedes einzelnen. Selten ermahnte er jemanden zweimal; meist machte er den Jünger nur einmal auf dessen Schwäche aufmerksam und sagte dann nichts mehr.]

*

»Es ist kaum möglich, mit einer duftenden Rose oder einem übelriechenden Stinktier in Berührung zu kommen, ohne davon beeinflußt zu werden«, sagte der Meister. »Deshalb ist es besser, nur mit menschlichen Rosen zu verkehren.«

*

»Ihre Lehre gefällt mir. Aber sind Sie ein Christ?« fragte ein Mann, nachdem er zum ersten Mal mit Paramahansaji gesprochen hatte.

»Erklärte Christus nicht: ›Es werden nicht alle, die zu mir sagen: Herr, Herr! in das Himmelreich kommen, sondern die den Willen tun meines Vaters im Himmel?‹«[1], antwortete der Meister.

»Das biblische Wort *Heide* bezeichnet einen Götzendiener – einen Menschen, dessen Aufmerksamkeit nicht auf Gott, sondern auf die Verlockungen der Welt gerichtet ist. Ein Materialist mag sonntags zur Kirche gehen und dennoch ein Heide sein. Wer aber seine Erinnerung an den Himmlischen Vater stets wachhält und die Gebote Jesu befolgt, ist ein Christ.« Er fügte hinzu: »Ich überlasse es Ihnen, zu

1 *Matthäus 7, 21*

entscheiden, ob Sie mich für einen Christen halten oder nicht.«

*

»Du siehst, wie gut es ist, für Gott tätig zu sein«, sagte der Meister zu einem willigen und fleißigen Jünger. »Egoistische oder selbstsüchtige Gefühle stellen eine Prüfung dar. Sind wir weise genug, für den Himmlischen Vater zu arbeiten, oder sind wir so töricht, daß wir nur für uns selbst arbeiten?

Wenn wir bei allem, was wir tun, die richtige Einstellung haben, verstehen wir immer besser, daß der Herr der allein Handelnde ist; d.h., daß alle Kraft göttlich ist und von Gott, dem einzigen wirklich Seienden, ausströmt.«

*

»Das Leben ist ein großer Traum Gottes«, sagte der Meister.

»Wenn es nur ein Traum ist, warum sind Schmerzen dann so wirklich?« fragte ein Schüler.

»Rennt man mit seinem Traumkopf gegen eine Traumwand, so leidet man Traumschmerzen«, erwiderte Paramahansaji. »Der Träumer durchschaut das Truggespinst des Traumes erst beim Aufwachen. Ähnlich erkennt auch der Mensch die trügerische Natur des kosmischen Schöpfungstraumes erst, wenn er in Gott erwacht.«

*

Der Meister betonte, wie nötig es sei, den richtigen Ausgleich zwischen Arbeit und Meditation zu finden.

»Wenn ihr für Gott und nicht für euch selbst arbeitet«, sagte er, »so ist das ebenso wertvoll wie die Meditation. Dann hilft die Arbeit eurer Meditation und die Meditation eurer Arbeit. Ihr braucht diesen Ausgleich. Wer nur meditiert, wird träge. Wer immer nur arbeitet, wird weltlich und vergißt Gott.«

*

»Es ist wunderbar sich vorzustellen, daß Gott uns alle gleich liebt«, sagte ein Besucher; »scheint es aber nicht ungerecht, daß Ihm ein Sünder ebensoviel bedeutet wie ein Heiliger?«

»Ist ein Diamant etwa weniger wert, wenn er mit einer Schmutzschicht bedeckt ist?« erwiderte der Meister. »Gott sieht die unwandelbare Schönheit unserer Seele. Er weiß, daß wir nicht mit unseren Fehlern identisch sind.«

*

Viele Menschen scheinen sich dem Fortschritt zu widersetzen und ziehen es vor, sich in den ausgefahrenen Geleisen ihres gewohnten Denkens und Handelns zu bewegen.

»Solche Leute nenne ich ›psychologische Ladenhüter‹«, sagte der Meister zu den Jüngern. »Ihr aber sollt nicht so werden, damit die Engel nach eurem Tode nicht sagen: ›Oh, hier kommt ein Ladenhüter; den schicken wir wieder zur Erde zurück!‹«[1]

*

»Was ist der Unterschied zwischen einem weltlichen und einem bösen Menschen?« fragte ein Mann. Der Meister sagte: »Die meisten Menschen sind weltlich; nur wenige sind wirklich böse. ›Weltlich‹ sein heißt: töricht sein, Kleinigkeiten zu wichtig nehmen und Gott aus Unwissenheit fernbleiben. ›Böse‹ sein jedoch bedeutet: dem Herrn ganz bewußt den Rücken kehren; und das tun nicht viele.«

*

1 Siehe »Wiedergeburt« im Glossar

Ein neuer Schüler meinte, daß er die Lehren des Meisters allein durch intensives Studium in sich aufnehmen könne, ohne zu meditieren. Paramahansaji aber sagte ihm:
»Die Erkenntnis der Wahrheit muß von innen her wachsen. Sie kann nicht aufgepfropft werden.«

*

»Beklagt euch nicht, wenn ihr in der Meditation keine Lichterscheinungen oder Visionen habt«, sagte der Meister zu seinen Schülern. »Taucht tief in das Gefühl der Glückseligkeit ein; dort werdet ihr Gott wirklich erleben. Sucht nicht nur einen Teil, sondern das Ganze.«

*

Ein gewisser Schüler, den der Meister in den *Kriya-Yoga* eingeweiht hatte, erzählte einem anderen Schüler:
»Ich übe den *Kriya* nicht täglich. Ich versuche mir lieber das freudige Gefühl in Erinnerung zu rufen, das mich beim ersten Üben dieser Technik erfüllt hat.«
Als Paramahansaji davon hörte, lachte er und sagte:
»Er gleicht einem Hungrigen, der seine Nahrung verweigert und erklärt: ›Nein danke. Ich versuche mir lieber das Sättigungsgefühl vorzustellen, das ich vorige Woche nach einer Mahlzeit hatte.‹«

*

»Meister, ich liebe alle«, gestand eine Jüngerin.
»Du solltest nur Gott lieben«, erwiderte Paramahansaji.
Einige Wochen später begegnete die Jüngerin dem Guru wieder, und er fragte sie: »Liebst du deine Mitmenschen?«
»Ich richte meine Liebe auf Gott allein«, antwortete die Jüngerin.
»Du sollst aber allen Menschen dieselbe Liebe schenken!«

Da fragte die Jüngerin verblüfft: »Sir, wie meinen Sie das? Zuerst sagten Sie, daß es falsch sei, alle zu lieben; nun sagen Sie, daß es falsch sei, irgend jemanden auszuschließen.«

»Du läßt dich zu sehr von der Persönlichkeit der Menschen anziehen, und das führt zu begrenzenden Bindungen«, erklärte der Meister. »Wenn du Gott wahrhaft liebst, wirst du Ihn in jedem menschlichen Antlitz sehen und wissen, was es heißt, alle zu lieben. Nicht die äußere Gestalt oder die Persönlichkeit sollen wir bewundern, sondern Gott, der in allen wohnt. Er allein verleiht Seinen Geschöpfen Leben, Anmut und Individualität.«

*

Ein Jünger drückte den lebhaften Wunsch aus, dem Meister Freude zu machen. Paramahansaji erwiderte:

»Ich bin glücklich, wenn ich weiß, daß du in Gott glücklich bist. Bleibe in Ihm verankert.«

*

»Meine Sehnsucht nach Gott ist sehr stark«, sagte ein Jünger. Der Meister erwiderte:

»Das ist die größte Gnade – wenn du fühlst, wie Er dein Herz anrührt. Damit will Er dir sagen: ›Allzulang hast du dich mit dem Spielzeug Meiner Schöpfung beschäftigt. Nun will ich dich bei Mir haben. Komm heim!‹«

*

Einige der Mönche und Schwestern des *Self-Realization*-Ordens besprachen mit Paramahansaji den möglichen Vorteil eines Ordensgewandes auf der Suche nach Gott. Der Meister sagte:

»Nicht auf euer Gewand kommt es an, sondern auf eure Gesinnung. Macht aus eurem Herzen eine Einsiedelei und aus Gottes Liebe euer Gewand.«

*

Der Meister versuchte zu erklären, wie töricht es sei, in schlechter Gesellschaft zu verkehren, und sagte: »Wenn man Knoblauch schält oder ein faules Ei anfaßt, bleibt ein übler Geruch an den Händen zurück, so daß man sie hinterher gründlich waschen muß.«

*

»Solange wir dem Körperbewußtsein verhaftet sind, leben wir wie Fremdlinge in einem fremden Land«, sagte der Meister. »Unser Heimatland ist die Allgegenwart.«

*

Einmal wanderte eine Gruppe von Jüngern mit dem Meister auf dem Rasen vor der Einsiedelei in Encinitas umher, von wo man den Ozean überblicken kann. Es war ein nebliger und trüber Tag, und jemand bemerkte: »Wie kalt und trübe es ist!«

»So etwa ist die Atmosphäre, die einen erdgebundenen Menschen nach seinem Tod umgibt«, sagte der Meister. »Er gleitet aus dieser Welt in eine Art dichten Nebel hinein und kann nichts mehr klar erkennen. Eine Zeitlang kommt er sich verloren vor und fürchtet sich. Dann gelangt er – je nach seinem Karma – entweder in eine helle Astralwelt, um sich geistig höherzuentwickeln, oder er versinkt in einen Zustand der Stumpfheit, bis der richtige karmische Augenblick für seine Wiedergeburt auf Erden gekommen ist.

Das Bewußtsein eines Menschen, der Gott liebt, wird vom Übergang aus dieser Welt in eine andere nicht verwirrt. Er gelangt mühelos in eine Sphäre des Lichts, der Liebe und der Freude.«

*

»Die meisten Menschen sind in materielle Dinge verstrickt«, sagte der Meister. »Wenn sie überhaupt an Gott denken, dann nur, um von Ihm Geld oder Gesundheit zu erbitten. Selten beten sie um die höchste Gabe: Sein Angesicht schauen zu dürfen und die verwandelnde Berührung Seiner Hand zu spüren.

Der Herr weiß, womit sich unsere Gedanken beschäftigen. Er offenbart sich uns nicht eher, als bis wir Ihm unseren letzten weltlichen Wunsch opfern, bis jeder von uns sagt: ›Vater, führe mich; nimm ganz von mir Besitz!‹«

*

»Wie man einen Kompaß auch drehen mag, seine Nadel zeigt immer nach Norden«, sagte der Meister. »Ganz ähnlich verhält es sich mit einem wahren Yogi. Auch wenn er noch so sehr von äußerer Tätigkeit in Anspruch genommen wird, bleibt sein Geist immer auf Gott gerichtet. Sein Herz singt immerfort: ›Mein Gott, mein über alles geliebter Gott!‹«

*

»Erwartet nicht jeden Tag eine neue geistige Blüte im Garten eures Lebens«, sagte der Meister zu einer Gruppe von Jüngern. »Vertraut darauf, daß Gott, dem ihr euch anheimgegeben habt, euch zur rechten Zeit göttliche Erfüllung schenken wird.

Ihr habt die Saat des Gottverlangens bereits ausgestreut; bewässert sie nun mit euren Gebeten und guten Taten.

Reißt das Unkraut des Zweifels, der Unentschlossenheit und der Gleichgültigkeit aus. Und wenn die Keime göttlicher Wahrnehmungen hervorsprießen, pflegt sie hingebungsvoll. Eines Morgens werdet ihr dann die Blume der Selbst-Verwirklichung erblicken.«

*

Paramahansaji hielt einer Gruppe von Jüngern einen Vortrag. Einer unter ihnen, der den Worten des Gurus scheinbar aufmerksam lauschte, ließ seine Gedanken dennoch öfter vom Thema abschweifen. Als die Zeit kam, gute Nacht zu sagen, wandte sich Paramahansaji mit folgenden Worten an ihn:

»Der menschliche Geist gleicht einem Pferd; man tut gut daran, es anzubinden, damit es nicht davonrennt.«

*

Viele Menschen, die kein Verständnis für geistige Wahrheiten haben, widersetzen sich der Hilfe, die ihnen ein Weiser so gern geben möchte. Sie lehnen seinen Rat mißtrauisch ab. Eines Tages seufzte Paramahansaji:

»Die Leute sind so talentiert in ihrer Unwissenheit!«

*

Ein eifriger neuer Schüler, der über Nacht wunderbare Ergebnisse erwartete, war enttäuscht, als er nach einer Woche angestrengter Meditationsübungen immer noch kein Zeichen von Gottes Gegenwart entdecken konnte.

»Wenn du nach ein- oder zweimaligem Tauchen noch keine Perle findest, darfst du nicht dem Meer die Schuld geben, sondern mußt den Fehler in deinem Tauchen suchen«, sagte der Meister. »Du bist noch nicht tief genug getaucht.«

*

»Wenn ihr euch in der Meditation übt«, sagte der Meister, »werdet ihr feststellen, daß ihr euer Paradies stets im eigenen Herzen mit euch tragt.«

*

Der Meister war in vieler Hinsicht äußerst milde; doch wenn die Situation es erforderte, konnte er auch sehr streng sein. Ein Jünger, der Paramahansaji nur von seiner liebenswürdigen Seite kennengelernt hatte, begann seine Pflichten zu vernachlässigen. Da wies ihn der Guru eines Tages scharf zurecht. Als er den entgeisterten Blick des jungen Mannes nach dieser unerwarteten Strafpredigt bemerkte, sagte er:
»Wenn du das hohe Ziel vergißt, um dessentwillen du hergekommen bist, dann muß ich mich an meine geistige Pflicht erinnern, deine Fehler zu korrigieren.«

*

Der Meister betonte, wie wichtig es sei, Gott gegenüber vollkommen aufrichtig zu sein, und sagte:
»Der Herr läßt sich nicht durch die Anzahl der Gemeindemitglieder, noch durch den Reichtum der Kirche, noch durch glänzende Predigten bestechen. Er läßt sich nur auf dem Altar jener Herzen nieder, die mit den Tränen der Hingabe gereinigt und von den Kerzen der Liebe erleuchtet sind.«

*

Ein Jünger war unglücklich darüber, daß seine anderen Brüder größere geistige Fortschritte zu machen schienen als er. Da sagte ihm der Meister:
»Anstatt auf deinen eigenen Teller zu blicken – auf das, was

dir gegeben worden ist –, schaust du in die große Schüssel und denkst an all das, was du nicht bekommen hast.«

*

Auf seine große Familie von Wahrheitssuchern hinweisend, sagte der Meister oft:
»Die Göttliche Mutter sandte mir alle diese Seelen, damit ich den Nektar Ihrer Liebe aus den Kelchen vieler Herzen trinken kann.«

*

Ein gewisser Jünger, der sehr daran interessiert war, daß sich die Lehre des Gurus verbreitete, freute sich immer, wenn eine große Zahl von Menschen den *Self-Realization*-Tempel in Hollywood besuchte. Doch Paramahansaji sagte:
»Ein Ladenbesitzer achtet genau darauf, wie viele Leute sein Geschäft aufsuchen. Bei unserer Kirche aber kommen mir solche Gedanken nie. Ich freue mich zwar an einer ›Menge von Seelen‹, wie ich oft sage; doch meine Freundschaft gilt bedingungslos allen Menschen, ganz gleich, ob sie herkommen oder nicht.«

*

Einem entmutigten Schüler sagte der Meister:
»Sei nicht so negativ! Sag nie, daß du keine Fortschritte machst. Wenn du denkst: ›Ich kann Gott nicht finden‹, sprichst du dir selbst das Urteil. Kein anderer als du selbst hält Gott von dir fern.«

*

»Meister, nenne mir das Gebet, das den Göttlichen Geliebten so schnell wie möglich zu mir zieht«, sagte einer seiner hinduistischen Schüler. Paramahansaji erwiderte:

»Gib Gott die Edelsteine des Gebets, die im tiefsten Schacht deines eigenen Herzens liegen.«

*

Der Meister, der immer eine offene Hand hatte und alles, was ihm gegeben wurde, wieder fortschenkte, sagte einmal: »Ich halte nichts von Wohltätigkeit.« Als er die erstaunten Gesichter seiner Jünger bemerkte, fügte er hinzu: »Wohltätigkeit macht den Menschen abhängig. Wertvoller als alle materiellen Gaben ist es, eure Erkenntnisse anderen weiterzugeben, damit sie lernen, sich selbst zu helfen.«

*

»Schlechte Gewohnheiten lassen sich schnell ändern«, sagte der Meister einem Jünger, der sich hilfesuchend an ihn gewandt hatte.

»Eine Gewohnheit ist das Ergebnis konzentrierten Denkens. Bisher hast du deine Gedanken in eine bestimmte Richtung gelenkt. Wenn du dir jetzt eine andere, bessere Gewohnheit aneignen willst, brauchst du dich nur auf die entgegengesetzte Richtung zu konzentrieren.«

*

»Wenn ihr gelernt habt, in der *Gegenwart* glücklich zu sein, habt ihr den richtigen Weg zu Gott gefunden«, sagte der Meister zu einer Gruppe von Jüngern.

»Dann leben aber nicht viele in der Gegenwart«, bemerkte einer der Jünger.

»Das stimmt«, erwiderte Paramahansaji. »Die meisten Menschen leben mit ihren Gedanken in der Vergangenheit oder in der Zukunft.«

*

Ein Schüler, der viele Enttäuschungen durchgemacht hatte, fühlte sich in seinem Glauben an Gott erschüttert. Ihm sagte der Meister:
»Gerade dann, wenn dich die Göttliche Mutter am heftigsten schlägt, mußt du dich fest an ihren Rockzipfel klammern.«

*

Als der Meister zu einer Gruppe von Jüngern über die Unsitte des Klatsches sprach, bemerkte er:
»Mein Guru Sri Yukteswar pflegte zu sagen: ›Wenn es nicht etwas ist, das ich jedermann erzählen darf, will ich es nicht hören.‹«

*

»Gott hat sowohl den Menschen als auch die *Maya* geschaffen«, sagte der Meister. »Die Zustände der Täuschung – Zorn, Habgier, Selbstsucht usw. – sind Seine Erfindungen, nicht unsere. Er ist für die Planung aller Hürden im Hindernislauf des Lebens verantwortlich.
Ein großer indischer Heiliger pflegte zu beten: ›Himmlischer Vater, ich habe nicht darum gebeten, erschaffen zu werden; da Du mich aber geschaffen hast, befreie mich und laß mich in Deinen GEIST zurückkehren.‹ Wenn ihr auf diese Weise liebevoll zu Gott sprecht, wird Er nicht anders können, als euch wieder heimzuholen.«

*

»Laßt euch nie durch das Lob von Bekannten beeindrucken, die euch nicht wirklich kennen«, sagte der Meister. »Fragt lieber gute Freunde um ihre Meinung – solche, die euch helfen, vollkommener zu werden, die euch nie schmeicheln oder eure Fehler entschuldigen. Es ist Gott, der euch durch die Aufrichtigkeit wahrer Freunde leitet.«

*

Zwei Schüler waren zusammen im Mount-Washington-Zentrum eingetroffen, um sich geistig schulen zu lassen. Die anderen Jünger hielten alle sehr viel von ihnen. Nach kurzer Zeit jedoch reisten sie wieder ab. Da sagte der Meister zu den Aschrambewohnern:
»Ihr wart sehr beeindruckt von ihrem Verhalten, aber ich beobachtete ihre Gedanken. Äußerlich zwar befolgten sie alle Regeln, aber in ihrem Inneren tobte es wild. Gutes Betragen ist von kurzer Dauer, wenn man nicht die richtigen Methoden anwendet, um den Geist zu läutern.«

*

Ein Mann, der sich stark zu Paramahansaji hingezogen fühlte, befolgte jedoch nie dessen Ratschläge. Der Meister sagte:
»Ich kann ihm nicht böse sein; denn wenn er auch viele Fehler macht, sehnt sich sein Herz doch nach Gott. Ich könnte ihn schnell in die Göttliche Heimat zurückführen, wenn er mich nur machen ließe; doch auch für ihn wird die Zeit kommen, daß er dorthin gelangt. Er gleicht einem Mercedes, der im Schlamm steckengeblieben ist.«

*

Einem unzufriedenen Schüler sagte der Meister:
»Zweifle nicht; sonst wird dich Gott aus der Einsiedelei entfernen. Viele kommen nur hierher, um Wunder zu erleben. Die Meister aber stellen die ihnen von Gott verliehenen Kräfte nicht zur Schau, es sei denn, daß Er es ihnen gebietet. Die meisten Menschen begreifen nicht, daß das größte aller Wunder darin besteht, sich innerlich zu wandeln und sich demütig Seinem Willen zu unterwerfen.«

*

»Gott hat euch zu einem bestimmten Zweck hierhergesandt«, sagte der Meister. »Stehen eure Handlungen im Einklang mit diesem Zweck? Ihr seid auf die Erde gekommen, um eine göttliche Aufgabe zu erfüllen. Vergeßt nie, wie ungeheuer wichtig das ist! Erlaubt dem kleinen Ich nicht, euch den Weg zum unendlichen Ziel zu versperren.«

*

Ein Jünger entschuldigte seinen Mangel an geistigem Fortschritt damit, daß es ihm schwerfalle, seine Fehler zu überwinden.
Paramahansaji jedoch, der intuitiv die tiefere Ursache erkannte, sagte:
»Gott nimmt dir nicht deine Fehler übel, sondern deine Gleichgültigkeit.«

*

Als der Meister im Jahre 1923 Boston verließ und eine Vortragsreise durch den ganzen Kontinent antrat, um die Lehre der *Self-Realization Fellowship* zu verbreiten, bemerkte einer seiner Schüler:
»Ohne Ihre geistige Führung, Sir, werde ich vollkommen hilflos sein.« Der Meister erwiderte:
»Verlasse dich nicht auf mich. Verlasse dich auf Gott.«

*

Einigen Schülern in der Einsiedelei, die über das Wochenende oft ihre alten Freunde aufsuchten, sagte der Meister:
»Ich sehe, daß ihr ruhelos werdet und eure Zeit vergeudet. Ihr seid hierhergekommen, um Gott zu finden, und jetzt betrügt ihr euch selbst und vergeßt euer Ziel. Warum sucht ihr nach äußeren Ablenkungen? Sucht Gott, bis ihr Ihn

findet; dann werdet ihr wissen, was ihr bisher versäumt habt.«

*

Zwei neuen Jüngern der Einsiedelei, die sehr aneinander hingen, sagte der Meister:
»Es ist nicht gut, wenn ihr eure Zuneigung nur einem oder wenigen Menschen schenkt und alle anderen ausschließt. Dadurch hemmt ihr das Wachstum allumfassenden Mitgefühls. Ihr müßt die Grenzen eurer Zuneigung ständig erweitern. Laßt eure Liebe auf alle Wesen und alle Dinge überfließen, denn Gott lebt in ihnen allen.«

*

Eines Abends, als der Meister mit einigen Jüngern draußen auf und ab ging und die Sterne betrachtete, sagte er:
»Jeder von euch besteht aus vielen winzigen Sternen – den Atomsternchen! Wenn sich eure Lebenskraft plötzlich vom Ich löste, könntet ihr das ganze Universum wahrnehmen. Große Heilige fühlen im Augenblick des Todes, wie sich ihr Bewußtsein über den unendlichen Raum ausbreitet. Es ist ein wunderbares Erlebnis.«

*

Einmal richtete der Meister folgende Worte an die Gemeinde des *Self-Realization*-Tempels in San Diego:
»Die Kirche soll euch an eure eigene innere Kathedrale erinnern, die ihr in tiefer Nacht und in den frühen Morgenstunden aufsuchen sollt; dort könnt ihr der gewaltigen Orgel des *OM* lauschen und darin die Predigt göttlicher Weisheit hören.«

*

Eines Abends, als der Meister seine Jünger um sich versammelt hatte, sagte er:
»Besitz bedeutet mir nichts, aber Freundschaft ist mir sehr teuer. In einer wahren Seelengemeinschaft erhaschen wir einen Blick vom größten aller Freunde.« Nach einer Pause fuhr er fort: »Seid nie unaufrichtig zu einem Freund und übt nie an jemandem Verrat. Das gilt vor dem Göttlichen Gericht als eine der größten Sünden.«

*

Als Yoganandaji sich eines Abends anschickte, das Mount-Washington-Zentrum zu verlassen, um einen Vortrag zu halten, blieb er noch kurz vor einem Jünger stehen, um mit ihm zu sprechen:
»Es wäre gut, wenn du ein geistiges Tagebuch führtest. Blicke jeden Abend, bevor du zu Bett gehst, kurz auf den Tag zurück. Beobachte, was aus dir wird. Bist du mit der Richtung, die dein Leben nimmt, zufrieden? Wenn nicht, dann ändere sie.«

*

Der Meister hatte einen Fernsehapparat geschenkt bekommen und ihn in einem Raum aufstellen lassen, wo alle Jünger ihn benutzen konnten. Sie gingen aber so oft dorthin, daß der Meister sie warnte:
»Solange ihr Gott noch nicht gefunden habt, ist es besser, euch nicht für Vergnügungen dieser Art zu interessieren. Wenn ihr Zerstreuung sucht, vergeßt ihr Ihn leicht. Zuerst müßt ihr Ihn kennen und lieben lernen. Dann ist es gleich, was ihr tut; denn dann werden eure Gedanken immer um Gott kreisen.«

*

»Sinnenlust führt zu Übersättigung und Widerwillen«, sagte der Meister. »Diese ständigen zwiespältigen Erlebnisse machen den Menschen launisch und unzuverlässig. *Maya*, der Zustand der Täuschung, ist durch Gegensätzlichkeit gekennzeichnet. Durch Meditation über Gott, der die Einzige Einheit ist, kann man die wechselnden Wellen von Lust und Schmerz aus seinem Geist verbannen.«

*

»Wenn ich älter bin, Meister, und mehr vom Leben gesehen habe, will ich allem entsagen und Gott suchen. Im Augenblick aber gibt es noch so viel, was ich wissen und erleben möchte«, sagte ein Schüler.
Nachdem er die Einsiedelei verlassen hatte, bemerkte Paramahansaji:
»Er glaubt noch immer, daß Sexualität Liebe und materieller Besitz Reichtum sei. Ihm wird es gehen wie dem Mann, den seine Frau verlassen hatte und dessen Haus abgebrannt war. Als er über seine Verluste nachgrübelte, entschloß er sich, ›alles aufzugeben‹. Diese Art der ›Entsagung‹ beeindruckt Gott nicht sehr. Der Schüler, der seine Ausbildung hier bei uns abgebrochen hat und davongelaufen ist, wird nicht eher bereit sein, ›allem zu entsagen‹, als bis er nichts Irdisches mehr besitzt, dem er entsagen könnte.«

*

»Es scheint kaum praktisch zu sein, die ganze Zeit an Gott zu denken«, meinte ein Besucher. Der Meister erwiderte:
»Die Welt ist ganz Ihrer Meinung – aber ist die Welt glücklich? Wer Gott, den Inbegriff der Glückseligkeit, verläßt, sucht vergebens nach wahrer Freude. Echte Gottsucher leben schon auf Erden im inneren Himmel des Friedens; die

anderen aber, die Ihn vergessen, verbringen ihre Tage in einem selbstgeschaffenen Hades der Ungewißheit und Enttäuschung. Wer daher mit Gott ›Freundschaft schließt‹, handelt wirklich praktisch.«

*

Paramahansaji hatte einen gewissen Jünger gebeten, eine bestimmte Arbeit im *Self-Realization*-Wochenendhaus in der Wüste zu verrichten. Der junge Mann ging nur widerstrebend dorthin, weil er sich wegen der Aufgaben, die er im Mount-Washington-Zentrum zurückließ, Sorgen machte.

»Du mußt jetzt nur an deine neue Arbeit in unserem Haus in der Wüste denken«, sagte der Meister zu ihm. »Hänge dein Herz an nichts. Sieh jedem Wechsel gleichmütig entgegen und erfüll jede Aufgabe, die sich dir stellt, in einem Gefühl göttlicher Freiheit.

Wenn Gott mir heute sagte: ›*Komm heim!*‹, würde ich, ohne auch nur einen Blick zurückzuwerfen, alle meine Verpflichtungen hier aufgeben – Organisation, Gebäude, Planungen und Menschen – und mich beeilen, Ihm zu gehorchen. Denn Er trägt die Verantwortung für den Lauf der Welt. Er ist der Handelnde, nicht du oder ich.«[1]

*

»Guruji«, fragte ein Jünger, »wenn Du das Rad der Zeit bis zu dem Augenblick zurückdrehen könntest, da Dein Meister Dich bat, organisatorische Aufgaben zu übernehmen, würdest Du dann noch freudig einwilligen, obgleich Du jetzt weißt, was für eine Last es bedeutet, für viele

1 Siehe »Egoismus« im Glossar

andere Menschen verantwortlich zu sein?« Der Meister erwiderte:
»Ja, denn solche Arbeit lehrt Selbstlosigkeit.«

*

Oft wurde Paramahansaji die uralte Frage gestellt, warum Gott so viel Leid zulasse. Geduldig pflegte er zu erklären:
»Alles Leiden entsteht durch Mißbrauch des freien Willens. Gott hat uns die Fähigkeit verliehen, Ihn anzunehmen oder abzuweisen. Es liegt nicht in Seinem Willen, daß wir Schmerzen leiden; doch Er greift nicht ein, wenn wir uns zu einem Handeln entschließen, das uns Leid bringt.
Die Menschen beachten den weisen Rat der Heiligen nicht, doch wenn sie in Not sind, erwarten sie, durch ungewöhnliche Umstände oder irgendein Wunder gerettet zu werden. Der Herr kann alles vollbringen; doch Er weiß, daß die Liebe und das richtige Verhalten des Menschen nicht mit Wundern erkauft werden können.
Gott hat uns als Seine Kinder ausgesandt, und als solche müssen wir wieder zu Ihm zurückkehren. Es gibt nur eine Möglichkeit, sich wieder mit Ihm zu vereinigen: seinen eigenen Willen zu gebrauchen. Keine andere Kraft auf Erden oder im Himmel kann dies für uns tun. Wenn ihr aber aus tiefstem Herzen nach Gott ruft, schickt Er euch einen Guru, der euch aus der Wildnis der Schmerzen in Sein Haus der ewigen Freude heimführt.
Der Herr hat euch freien Willen verliehen und kann deshalb nicht wie ein Diktator handeln. Obwohl Er Allmacht besitzt, befreit Er euch nicht einfach von eurem Leid, wenn ihr den Weg falschen Handelns gewählt habt. Ist es richtig zu erwarten, daß Er euch alle Bürden abnimmt, wenn ihr mit euren Gedanken und Handlungen ständig gegen Seine

Gesetze verstoßt? Im Befolgen Seiner ethischen Grundsätze, wie Er sie in den Zehn Geboten niedergelegt hat, liegt das Geheimnis des Glücks.«

*

Paramahansaji warnte seine Jünger häufig vor der Gefahr geistiger Trägheit. »Die Minuten sind wichtiger als die Jahre«, pflegte er zu sagen. »Wenn ihr die Minuten eures Lebens nicht mit Gedanken an Gott erfüllt, eilen die Jahre unbemerkt dahin; und wenn ihr Ihn am nötigsten braucht, werdet ihr Seine Gegenwart nicht fühlen können. Doch wenn ihr die Minuten eures Lebens mit göttlichen Gedanken erfüllt, werden die Jahre ganz von selbst davon durchdrungen sein.«

*

Im alten Indien bezeichnete man als *Guru* nur christusähnliche Meister, die ihren Jüngern göttliche Erleuchtung vermitteln konnten. Diese befolgten den Rat der heiligen Schriften und machten sich geistig empfänglich, indem sie den Anweisungen des heiligen Lehrers bedingungslos gehorchten. Die Menschen des Westens rebellierten oft gegen einen solchen Verzicht auf ihre persönliche Freiheit und unterwarfen sich nur ungern dem Willen eines anderen. Der Meister jedoch sagte:

»Wer seinen Guru gefunden hat, muß ihm bedingungslos vertrauen, denn der Meister ist das Werkzeug Gottes. Das einzige Ziel des Gurus besteht darin, dem Jünger Selbst-Verwirklichung zu vermitteln. Alle Liebe, die er von seinen Jüngern empfängt, legt er Gott zu Füßen. Wenn der Guru sieht, daß ein Jünger völlig im Einklang mit ihm ist, kann er ihn schneller fördern als einen Schüler, der ihm Widerstand entgegensetzt.

Ich bin nicht euer Führer, sondern euer Diener. Ich bin der Staub zu euren Füßen. Ich sehe Gott in euch verkörpert und neige mich vor euch allen. Ich will euch nur an der großen Freude teilnehmen lassen, die ich in Ihm fühle. Ich habe keinen persönlichen Ehrgeiz; mein einziges Bestreben ist es, allen Menschen auf Erden die Freude des GEISTES zu vermitteln.«

*

Als Yoganandaji einmal zu den Aschrambewohnern sprach, sagte er:
»Auf dem geistigen Weg wird man wieder ganz zum Kind – ohne Groll, ohne Bindungen und voller Lebenslust. Laßt euch durch nichts verletzen oder aus der Ruhe bringen. Bleibt innerlich still und hört auf die Göttliche Stimme. Verbringt eure freie Zeit in der Meditation.
Ich weiß, daß sich keine weltlichen Freuden mit der geistigen Freude des *Kriya-Yoga* vergleichen lassen. Ich würde sie nicht gegen alle Bequemlichkeiten des Westens und alles Gold in der Welt eintauschen. Dank dem *Kriya-Yoga* ist es mir möglich, mein Glück immer bei mir zu tragen.«

*

Wenn der Meister einen geistigen Sachverhalt veranschaulichen wollte, gebrauchte er oft unvergeßliche bildhafte Vergleiche. Einmal bemerkte er:
»Mit dem Leben verhält es sich so: Ihr habt ein Picknick vorbereitet, und plötzlich überrascht euch ein Bär und stürzt den Tisch um, so daß ihr fliehen müßt. Genauso ist es im Leben der Menschen. Sie rackern sich ab, um ein bißchen Freude und Sicherheit zu gewinnen; dann überfällt sie der Bär der Krankheit, ihr Herz setzt aus, und sie sterben.

Warum in einem solchen Zustand der Unsicherheit leben? Ihr habt den unwichtigen Dingen im Leben den ersten Platz eingeräumt. Ihr laßt eure Zeit von allen möglichen Beschäftigungen in Anspruch nehmen und euch zu Sklaven machen. Wie viele Jahre sind schon auf diese Weise verstrichen? Sollen auch die restlichen Jahre eures Lebens dahingehen, ohne daß ihr geistige Fortschritte macht? Wenn ihr heute den festen Entschluß faßt, euch durch nichts von eurem Ziel abhalten zu lassen, wird euch die Kraft gegeben, alle Hindernisse zu überwinden.«

*

»Ein träger Mensch wird Gott nie finden«, sagte der Meister. »Ein müßiger Geist wird zur Werkstatt des Teufels. Ich habe viele *Sannyasis* (Mönche) gesehen, die jeder Arbeit entsagt haben und dadurch zu Bettlern geworden sind. Dagegen sind Menschen, die ihren eigenen Lebensunterhalt verdienen, ohne nach den Früchten ihrer Taten zu verlangen, und sich nur noch nach Gott sehnen, die wahren Entsagenden. Es ist nicht leicht, diese Art der Entsagung zu üben; wenn ihr Gott aber so sehr liebt, daß ihr Ihm mit allem, was ihr tut, Freude machen wollt, seid ihr frei.
Sagt euch ständig: ›Ich arbeite für Gott allein‹; dann wird eure Liebe zu Ihm schließlich so groß, daß ihr keinen anderen Gedanken und kein anderes Ziel mehr kennt, als Ihm zu dienen und Ihn anzubeten.«

*

»Schaut den Altar Gottes in den Sternen, im Erdreich und im Pulsschlag eurer tiefsten Gefühle«, sagte der Meister. »Er, die Wirklichkeit, an der jeder vorübergeht, verbirgt sich überall. Wenn ihr beharrlich auf dem geistigen Weg seid und regelmäßig meditiert, werdet ihr Gott schließlich in einem Gewand goldenen Lichtes sehen, das sich in alle Ewigkeit ausbreitet. Dann werdet ihr hinter jedem Gedanken Seine beseligende Gegenwart fühlen.

Über Gott sollte nicht nur geredet werden. Viele haben über Ihn gesprochen; viele haben sich Gedanken über Ihn gemacht; viele haben über ihn gelesen. Aber nur wenige haben Seine Freude gekostet. Diese wenigen allein kennen Ihn. Und wenn ihr Ihn kennt, betet ihr Ihn nicht mehr aus der Ferne an; dann werdet ihr eins mit Ihm. Dann könnt ihr – wie Jesus und alle anderen Meister – sagen: ›Ich und der Vater sind eins.‹«

*

Der Meister sagte: »Wenn ihr tief in das geistige Auge[1] eindringt, blickt ihr in die vierte Dimension[2], in der die Wunder der inneren Welt erstrahlen. Es ist schwer, dorthin zu gelangen, aber was für eine herrliche Welt es ist!

Begnügt euch nicht mit ein wenig Frieden, den euch die Meditation bringt, sondern hungert immerfort nach Seiner Glückseligkeit. Tag und Nacht – während andere schlafen oder ihre ganze Kraft dazu einsetzen, ihre Wünsche zu befriedigen – solltet ihr flüstern: ›Mein Gott, mein Gott, mein Gott!‹ Dann wird die Zeit kommen, daß Er die Dunkelheit bannt und ihr Ihn erkennt. Diese Welt ist häßlich im Vergleich zur wundersamen Sphäre des GEISTES. Beseitigt alle Hindernisse, die euch den Weg zur göttlichen Erkenntnis versperren, indem ihr Entschlußkraft, Hingabe und Glauben entwickelt.«

*

1 Siehe Glossar
2 Siehe »Astralwelt« im Glossar

»Während der Weihnachtszeit ist die ganze Atmosphäre von den Schwingungen des Christusbewußtseins erfüllt«, sagte der Meister. »Wer sich mit tiefer Hingabe und durch wissenschaftliche Meditation auf diese göttlichen Schwingungen einstellt, wird sie empfangen können. Es ist für jeden Menschen, ganz gleich, welcher Religion er angehört, von großer geistiger Bedeutung, daß er in sich selbst die ›Geburt‹ des universalen Christus erlebt.

Der Kosmos ist sein Körper. Und allgegenwärtig in ihm ist das Christusbewußtsein. Wenn ihr die Augen schließt und euer Bewußtsein in der Meditation derart erweitern könnt, daß ihr das ganze Universum als euren eigenen Körper fühlt, dann ist Christus in euch geboren worden. Dann werden sich alle Wolken der Unwissenheit zerteilen, und ihr werdet hinter dem Dunkel der geschlossenen Augen das göttliche kosmische Licht schauen.

Man muß Christus auf die richtige Weise anbeten: zuerst geistig – in tiefer Meditation – und dann als Gestalt, indem man Seine Gegenwart sogar in der Welt der Materie wahrnimmt. Ihr müßt über die wahre Bedeutung der Wiederkunft Christi meditieren und fühlen, wie Sein Bewußtsein durch eure magnetische Hingabe in euch hineinfließt. Das ist der eigentliche Sinn des Weihnachtsfestes.«

*

»Ausgeglichenheit« ist eines der Kennworte in der Lehre Paramahansajis. »Wenn ihr tief meditiert, werden sich eure Gedanken immer intensiver auf Gott richten«, sagte er. »Dennoch dürft ihr eure weltlichen Pflichten nicht vernachlässigen. Wenn ihr lernt, all eure Aufgaben mit Frieden im Herzen zu erfüllen, werdet ihr schneller, konzentrierter und erfolgreicher arbeiten können. Dann werdet ihr feststellen, daß ihr bei allem, was ihr tut, euren göttlichen Bewußtseinszustand beibehaltet. Doch diesen Zustand könnt ihr nur dann erreichen, wenn ihr tief meditiert, wenn ihr eure Gedanken derart schult, daß sie jedesmal zu Gott zurückkehren, sobald ihr eure Pflichten erledigt habt, und daß ihr bei allem, was ihr tut, immer daran denkt, daß ihr Ihm allein dienen wollt.«

*

»Reue bedeutet nicht nur, daß man einen Fehler bedauert, sondern auch, daß man ihn nicht wiederholt«, sagte der Meister. »Wenn ihr etwas wirklich bereut, faßt ihr auch den Entschluß, von allem Bösen abzulassen. Oft ist das Herz verhärtet und will sich nicht umstimmen lassen. Ihr müßt es durch Beten ›erweichen‹. Dann schenkt Gott euch Seine Gnade.«

*

»Laßt euch von Weisheit leiten«, sagte der Meister. »Euer früheres falsches Handeln hat Samen in euren Geist gestreut. Wenn ihr diese Samen im Feuer der Weisheit ›röstet‹, werden sie unwirksam. Ihr könnt nicht eher erlöst werden, als bis ihr die Saat eurer ehemaligen Taten im Feuer der Weisheit und Meditation verbrannt habt. Wenn ihr die nachteiligen Folgen eurer früheren Handlungen vermeiden wollt, müßt ihr meditieren. Was ihr getan habt, könnt ihr auch wiedergutmachen. Wenn ihr geistig nicht vorwärtskommt, müßt ihr es trotz aller Prüfungen immer wieder versuchen. Sobald eure jetzigen Anstrengungen machtvoller geworden sind als das durch eure früheren Taten verursachte Karma, seid ihr frei.«

*

Während eines Vortrags sagte Paramahansaji: »Christus lehrte jeden von uns, ›unseren Nächsten zu lieben wie uns selbst‹. Ohne Kenntnis der Seele, durch die wir erleben, daß alle Menschen in Wirklichkeit ›wir selbst‹ sind, können wir dieses Gebot Christi nicht erfüllen. Für mich gibt es keinen Unterschied zwischen den Menschen; denn ich sehe in jedem ein Kind Gottes. Ich kann niemanden als Fremden betrachten.

In New York wurde ich einmal von drei Straßenräubern umzingelt. Ich fragte sie: ›Wollt ihr mein Geld? Hier ist es!‹ und streckte ihnen meine Brieftasche hin. Ich befand mich in einem überbewußten Zustand. Die Männer aber nahmen die Brieftasche nicht. Schließlich sagte einer von ihnen: ›Entschuldigen Sie. Wir können's nicht tun!‹ und liefen davon.

An einem anderen Abend in New York trat in der Nähe der *Carnegie Hall*, wo ich soeben einen Vortrag gehalten hatte, ein Mann mit einem Revolver auf mich zu und sagte:

›Wissen Sie, daß ich Sie erschießen kann?‹

›Warum?‹ fragte ich ruhig. Mein Geist war in Gott verankert.

›Weil Sie über Demokratie sprechen!‹ Er war offensichtlich geistesgestört. Wir standen uns eine Weile schweigend gegenüber; dann sagte er:

›Verzeihen Sie mir. Sie haben mich von meinem Übel befreit.‹ Und schnell wie ein Wiesel lief er davon.

Wer im Einklang mit Gott lebt, kann die Herzen anderer Menschen verwandeln.«

*

»Wer behauptet, daß die Welt ein Traum sei, ohne zu versuchen, diese Wahrheit in der Meditation wirklich zu erleben, kann leicht zum Fanatiker werden«, sagte der Meister. »Der Weise, der erkannt hat, daß das menschliche Leben nur ein Traum ist, weiß jedoch, daß es dennoch Traumschmerzen gibt, und wendet wissenschaftliche Methoden an, um aus diesem Traum zu erwachen.«

*

Als die Kapelle im Mutterzentrum der *Self-Realization Fellowship* neu ausgestattet wurde, schlug ein Jünger vor, in einer Nische eine heilige Lampe, die als »ewiges Licht« bekannt ist, aufzustellen, und Paramahansaji solle sie dann anzünden.
Der Meister sagte: »Ich möchte lieber sehen, daß die Lampe der Gottesliebe, die ich in euren Herzen entzündet habe, ewig brennt. Kein anderes Licht ist nötig.«

*

Im Laufe des Jahres 1951 deutete Paramahansaji wiederholt an, daß seine Tage auf Erden gezählt seien.
»Sir«, fragte ein Jünger betrübt, »wenn wir Sie nicht mehr sehen können, werden Sie uns dann immer noch so nahe sein wie jetzt?«
Da lächelte der Meister liebevoll und sagte:
»Allen, die mich nahe glauben, werde ich nahe sein.«

Über den Autor

»Paramahansa Yogananda brachte in seinem Leben das höchste Ideal der Gottesliebe und des Dienstes an der Menschheit zum Ausdruck ... Obgleich er den größten Teil seines Lebens außerhalb Indiens verbrachte, gehört er zu unseren großen Heiligen. Sein Werk breitet sich mehr und mehr aus und wird zu einem immer helleren Licht, das den Menschen aller Länder auf ihrer Pilgerreise zu Gott den richtigen Weg weist.«

Mit diesen Worten ehrte die indische Regierung den Gründer der *Self-Realization Fellowship/Yogoda Satsanga Society of India* anläßlich der Herausgabe einer Gedenkbriefmarke am 7. März 1977, dem 25. Jahrestag seines Ablebens.

Paramahansa Yogananda begann sein Lebenswerk 1917 in Indien, wo er eine Knabenschule für richtige Lebensweise gründete, in der er moderne Erziehungsmethoden mit Yogaunterricht und geistigen Idealen verband. 1920 wurde er nach Boston eingeladen, wo er als Delegierter Indiens am internationalen Kongreß der religiösen Freidenker teilnahm. Seine darauf folgenden Vorträge in Boston, New York und Philadelphia wurden mit Begeisterung aufgenommen; 1924 unternahm er eine Vortragsreise durch die ganzen Vereinigten Staaten.

Während des nächsten Jahrzehnts reiste Paramahansaji viel, hielt Vorträge und Ansprachen und führte Tausende in die Yoga-Wissenschaft der Meditation und eine ausgeglichene geistige Lebensweise ein. 1925 gründete er das internationale Mutterzentrum der *Self-Realization Fellowship* in Los Angeles. Heute wird das geistige und humanitäre Werk, das Paramahansa Yogananda begonnen hat, unter der Führung einer seiner größten Jüngerinnen, Sri

Daya Mata (der Präsidentin der *Self-Realization Fellowship*), weitergeführt. Neben der Veröffentlichung von Paramahansa Yoganandas Schriften, Vorträgen und Ansprachen (einschließlich einer umfangreichen Serie gedruckter Lehrbriefe über die Wissenschaft der Kriya-Yoga-Meditation) verwaltet das Mutterzentrum die Tempel, Stätten der inneren Einkehr und Meditationszentren der *Self-Realization Fellowship* in allen Teilen der Welt und bildet Ordensleute aus. Ein weltweiter Gebetskreis dient dazu, denen, die der Gebetshilfe bedürfen, heilende Schwingungen zu senden und größeren Frieden und Harmonie zwischen allen Ländern herbeizuführen.

Quincy Howe jun., Ph. D., Professor für alte Sprachen am *Scripps College*, schrieb: »Paramahansa Yogananda brachte dem Westen nicht nur Indiens zeitlose Botschaft der Gottverwirklichung, sondern auch eine praktische Methode, mit der Wahrheitssucher aller Gesellschaftsschichten das ersehnte Ziel in absehbarer Zeit erreichen können. Obwohl das geistige Vermächtnis Indiens dem Westen zunächst abstrakt und unerreichbar schien, vermittelt es jetzt all denen, die Gott nicht erst im Jenseits, sondern hier und jetzt finden wollen, Übungsmethoden und eigene Erfahrung ... Yogananda hat allen den Zugang zu den höchstentwickelten Methoden der Kontemplation geöffnet.«

Leben und Lehre Paramahansa Yoganandas werden in seiner *Autobiographie eines Yogi* beschrieben. Seit dieses Buch 1946 veröffentlicht wurde, ist es ein klassisches Werk auf diesem Gebiet geworden und wird heute an vielen Universitäten und höheren Schulen als Textbuch und Nachschlagewerk verwendet.

Paramahansa Yogananda – ein Yogi im Leben und im Tod

Am 7. März 1952 hielt Paramahansa Yogananda in Los Angeles/ Kalifornien auf einem Bankett, das zu Ehren des indischen Botschafters, Seiner Exzellenz Binay R. Sen, veranstaltet wurde, eine Ansprache. Unmittelbar danach ging er in den *Mahasamadhi* ein (das ist der endgültige und bewußte Austritt eines Yogi aus seinem Körper).

Der große Weltlehrer bewies nicht nur während seines Lebens, sondern auch noch im Tode die Wirksamkeit des Yoga (der wissenschaftlichen Techniken, die zur Gottvereinigung führen). Noch mehrere Wochen nach seinem Hinscheiden leuchtete sein unverändertes Antlitz in einem göttlichen Glanz – unberührt von jeder Verwesung.

Harry T. Rowe, der Direktor des Friedhofs von *Forest Lawn Memorial Park* in Los Angeles (wo der Körper des großen Meisters vorübergehend ruht), sandte der *Self-Realization Fellowship* eine beglaubigte Urkunde, der wir hier folgende Auszüge entnehmen:

»Das Ausbleiben jeder Verfallserscheinung am Leichnam Paramahansa Yoganandas stellt den außergewöhnlichsten Fall in allen unseren Erfahrungen dar ... Selbst zwanzig Tage nach seinem Tode war kein Zeichen einer körperlichen Auflösung festzustellen ... Die Haut zeigte keine Spuren von Verwesung, und im Körpergewebe ließ sich keine Austrocknung erkennen. Ein solcher Zustand von Unverweslichkeit ist, soweit wir aus Friedhofsannalen wissen, einzigartig ... Als uns Yoganandas Körper übergeben wurde, erwarteten die Friedhofsbeamten, daß sich allmählich, wie bei jedem Leichnam, die üblichen Verfallserscheinungen einstellen würden. Mit wachsendem Erstaunen sahen wir jedoch einen Tag nach

dem anderen verstreichen, ohne daß der in einem gläsernen Sarg liegende Körper irgendeine sichtbare Veränderung aufwies. Yoganandas Körper befand sich anscheinend in einem phänomenalen, unverweslichen Zustand ...
Kein Verwesungsgeruch konnte während der ganzen Zeit an seinem Körper wahrgenommen werden ... Die körperliche Erscheinung Yoganandas war am 27. März, kurz bevor der Bronzedeckel auf den Sarg gelegt wurde, die gleiche wie am 7. März. Er sah am 27. März genauso frisch und vom Tode unberührt aus wie am Abend seines Todes. Es lag also am 27. März keine Veranlassung vor zu behaupten, daß sein Körper auch nur das geringste Zeichen der Zersetzung aufweise. Aus diesem Grunde möchten wir nochmals betonen, daß der Fall Paramahansa Yoganandas unseres Wissens einzigartig ist.«

Ziele und Ideale der Self-Realization Fellowship

dargelegt von ihrem Gründer Paramahansa Yogananda
Sri Daya Mata, Präsidentin

Menschen aller Nationen mit bestimmten wissenschaftlichen Techniken bekannt zu machen, die zur unmittelbaren, persönlichen Gotteserfahrung führen;

zu lehren, daß der Sinn des Lebens in der Höherentwicklung des begrenzten menschlichen Bewußtseins liegt, bis es sich aus eigener Kraft zum Bewußtsein Gottes erweitert, und zu diesem Zweck Tempel der *Self-Realization Fellowship* in aller Welt zu errichten, in denen wahre Gottverbundenheit gepflegt wird, und die Menschen außerdem anzuregen, sich in ihrem eigenen Heim und Herzen einen Tempel Gottes zu schaffen;

darzulegen, daß das ursprüngliche, von Jesus Christus gelehrte Christentum und der ursprüngliche, von Bhagavan Krischna gelehrte Yoga im wesentlichen völlig übereinstimmen und daß diese Prinzipien der Wahrheit die wissenschaftliche Grundlage aller echten Religionen bilden;

auf den schnellsten Weg zu Gott hinzuweisen, in den alle wahren religiösen Wege schließlich einmünden: den Weg täglicher, wissenschaftlicher und hingebungsvoller Meditation über Gott;

die Menschen von ihrem dreifachen Leiden: körperlicher Krankheit, geistiger Unausgeglichenheit und seelischer Blindheit zu befreien;

die Menschen zu einem einfacheren Leben und tieferen Denken anzuregen und unter allen Völkern den Geist wahrer Brüderlichkeit zu verbreiten, indem ihnen die Erkenntnis vermittelt wird, daß alle Menschen Kinder des einen Gottes sind;

die Überlegenheit des Geistes über den Körper und der Seele über den Geist zu beweisen;

Böses durch Gutes, Leid durch Freude, Grausamkeit durch Güte, Unwissenheit durch Weisheit zu besiegen;

Wissenschaft und Religion durch die Erkenntnis, daß beide auf denselben Gesetzen beruhen, miteinander in Einklang zu bringen;

die geistige Verständigung und den kulturellen Austausch zwischen Morgen- und Abendland zu fördern;

der ganzen Menschheit als dem eigenen, erweiterten Selbst zu dienen.

Glossar

Astralwelt: Die herrliche Sphäre des Lichts und der Freude, in die Menschen mit einem gewissen geistigen Verständnis nach ihrem Tod gelangen, um sich weiterzuentwickeln. Höher noch als diese Welt ist die Kausal- oder Ideensphäre. Diese Welten werden im 43. Kapitel der *Autobiographie eines Yogi* beschrieben.

Atem: »Der Atem bindet den Menschen an die Schöpfung«, schrieb Yogananda. »Durch die Atmung fließen zahllose kosmische Ströme in den Menschen ein und machen seinen Geist ruhelos. Um sich dem ständigen Wechsel in der Welt der Erscheinungen zu entziehen und in die Unendlichkeit des GEISTES einzugehen, lernt der Yogi, seinen Atem durch wissenschaftliche Meditation zu beruhigen.«

Babaji: Der Guru Lahiri Mahasayas (des Gurus von Swami Sri Yukteswar, der seinerseits der Guru Paramahansa Yoganandas war). Babaji ist ein unsterblicher Avatar, der verborgen im Himalaja lebt. Sein Titel lautet *Mahavatar* (»Göttliche Inkarnation«). Yoganandas *Autobiographie eines Yogi* vermittelt uns einen Einblick in sein christusähnliches Leben.

Bhagawadgita: (»Gesang des Herrn«): die Hindu-Bibel; heilige Worte des Herrn Krischna, die vor Jahrtausenden von dem Weisen Vyasa zusammengestellt wurden. Siehe *Krischna.*

Christusbewußtsein: Der Zustand, in dem man den GEIST in jedem Atom der Schöpfung wahrnimmt.

Egoismus: das Ich-Prinzip, *Ahamkara* (wörtlich: »Ich tue«), ist die eigentliche Ursache des Dualismus, der scheinbaren Trennung zwischen Mensch und Schöpfer. *Ahamkara* bringt die Menschen unter den Einfluß der *Maya* (s. d.), so daß das Subjekt (Ich) fälschlicherweise als Objekt erscheint und das Geschöpf sich für den Schöpfer hält.
Indem der Mensch das Ich-Bewußtsein überwindet, erwacht er und erkennt sein göttliches Wesen, seine Einheit mit Gott, dem einzigen Leben.

Geistiges Auge: Das »einfältige« Auge der Weisheit, der Prana-Stern, die Tür, durch die der Mensch treten muß, um Kosmisches Bewußtsein (s. d.) zu erlangen. Mitglieder der *Self-Realization Fellowship* lernen die Methode, die durch diese heilige Tür führt.
»Ich bin die Tür; wenn jemand durch mich eingeht, der wird gerettet werden und wird ein und aus gehen und Weide finden.« *Johannes 10, 9)* – »Wenn nun dein Auge einfältig ist, so ist dein ganzer Leib licht ... So schaue darauf, daß nicht das Licht in dir Finsternis sei.« *(Lukas 11, 34–35)*

Göttliche Mutter: »Jene Ausdrucksform des Unerschaffenen Unendlichen, die in der Schöpfung tätig ist, wird in den Hinduschriften als Göttliche Mutter bezeichnet«, schrieb Yogananda. »Von dieser persönlichen Ausdrucksform des Absoluten kann man sagen, daß Sie mit Sehnsucht auf das rechte Verhalten ihrer Kinder warte und ihre Gebete erhöre. Wer glaubt, daß sich das Unpersönliche nicht in einer persönlichen Form ausdrücken könne, leugnet in Wirklichkeit Seine Allmacht und die Möglichkeit, daß der Mensch mit seinem Schöpfer in Verbindung treten kann. Gott erscheint Seinen wahren *Bhaktas* (Verehrern eines persönlichen Gottes) in greifbarer Gestalt: als Kosmische Mutter.
Der Herr offenbart Sich Seinen Heiligen in der Ausdrucksform,

die ihnen besonders lieb ist. Ein frommer Christ sieht Jesus; ein Hindu schaut Krischna oder die Göttin Kali, oder – wenn er Gott als etwas Überpersönliches anbetet – ein sich ständig erweiterndes Licht.«

Guru: Der geistige Präzeptor, der den Jünger zu Gott führt. Die Bezeichnung »Guru« unterscheidet sich insofern von dem Wort »Lehrer«, als man viele Lehrer, aber nur einen Guru haben kann.

Heiliger Geist: Siehe *OM*.

Intuition: Der »sechste Sinn«; das Wissen, das unmittelbar und spontan der Seele entspringt und nicht auf die unzulängliche Vermittlung der Sinne oder des Verstandes angewiesen ist.

ji (sprich: dschi): Eine Nachsilbe, die in Indien oft Eigennamen angehängt wird und Verehrung ausdrückt. Deshalb wird Paramahansa Yogananda in diesem Buch gelegentlich als Paramahansaji oder Yoganandaji bezeichnet.

Kali: Mythologische Göttin der Hindus, die als ein Weib mit vier Händen dargestellt wird. Die erste Hand versinnbildlicht die schöpferischen Kräfte der Natur, die zweite Hand die Kräfte, die den Kosmos erhalten, die dritte Hand ist ein Sinnbild der reinigenden Kräfte der Auflösung, und ihre vierte Hand streckt Kali in einer segnenden und erlösenden Gebärde aus. Durch diese Mittel ruft sie die gesamte Schöpfung zu ihrem göttlichen Ursprung zurück. Die Göttin Kali ist ein Symbol oder eine Ausdrucksform der Göttlichen Mutter (s. d.).

Karma: Das ausgleichende Gesetz des Karma ist, wie in den Schriften der Hindus erklärt wird, das Gesetz von Aktion und

Reaktion, von Ursache und Wirkung, von Säen und Ernten. Die natürliche Gerechtigkeit sorgt dafür, daß jeder Mensch durch seine Gedanken und Handlungen zum Urheber seines Schicksals wird. Die Kräfte, die er durch seine weisen oder törichten Taten selbst in Bewegung gesetzt hat, müssen zu ihm als dem Ausgangspunkt zurückkehren und gleichen somit einem Kreis, der sich unerbittlich schließt. »Die Welt ähnelt einer mathematischen Gleichung, die sich stets ausgleicht, wie man sie auch dreht und wendet. Schweigend und unfehlbar wird jedes Geheimnis enthüllt, jedes Verbrechen bestraft, jede Tugend belohnt, jedes Unrecht wiedergutgemacht.« (Emerson in *Compensation* = Ausgleich). Kenntnis vom Gesetz des Karma ermöglicht es dem menschlichen Geist, sich von seinem Groll gegen Gott und die Menschen zu befreien. Das Karma des Menschen folgt ihm Leben für Leben, bis es abgetragen oder geistig aufgelöst worden ist. Siehe *Wiedergeburt*. Die Summe der Handlungen aller Menschen innerhalb einer Gemeinde, eines Landes oder der ganzen Welt erzeugt das Massenkarma, das örtliche oder auch weiterreichende Auswirkungen hat – je nach seiner Stärke und dem Überwiegen von Gut oder Böse. Die Gedanken und Handlungen eines jeden Menschen tragen deshalb zum Wohl oder Weh der ganzen Welt und aller Nationen bei.

Kosmisches Bewußtsein: Der Zustand, in dem man den GEIST jenseits der endlichen Schöpfung wahrnimmt.

Krischna: Ein Avatar Indiens, dessen göttlicher Rat in der Bhagawadgita (s. d.) in allen Gottsuchern Ehrfurcht erweckt. In seiner Jugend war Krischna ein Kuhhirte, der seine Gefährten durch die Melodien seiner Flöte entzückte. In dieser Rolle stellt Krischna allegorisch die Seele dar, die auf der Flöte der Meditation spielt, um alle irregeleiteten Gedanken zur Herde der Allwissenheit zurückzuführen.

Kriya-Yoga: Eine uralte Wissenschaft, die man in Indien entwikkelte, um den Gottsuchern auf ihrem Weg zu helfen. Die Technik des Kriya-Yoga wird von Krischna in der Bhagawadgita und von Patandschali in den *Yoga-Sutras* erwähnt und gepriesen. Auch die SRF-Mitglieder lernen diese befreiende Wissenschaft, die den Übenden zum kosmischen Bewußtsein führt.

Lahiri Mahasaya (1828–1895): Guru von Swami Sri Yukteswar (s. d.) und Jünger von Babaji (s. d.). Lahiri Mahasaya belebte die aus alter Zeit stammende und fast verlorengegangene Wissenschaft des Yoga wieder und gab den praktischen Techniken den Namen *Kriya-Yoga*. Er war ein christusähnlicher Lehrer, der über große Wunderkräfte verfügte und als Familienvater auch berufliche Verantwortung trug. Seine Mission bestand darin, eine für den Menschen der Neuzeit geeignete Form des Yoga zu verbreiten, in welcher der richtige Ausgleich zwischen Meditation und der Erfüllung weltlicher Pflichten gefunden wird. Lahiri Mahasaya war ein Yogavatar, d. h. eine »Inkarnation des Yoga«.

Lehrbriefe der SRF: Zusammenfassung der Lehre Paramahansa Yoganandas. Sie werden den Mitgliedern und Schülern der *Self-Realization Fellowship* regelmäßig zugesandt.

Maya: Kosmische Täuschung; wörtlich »die Messende«. Maya ist die der Schöpfung innewohnende magische Kraft, die im Unbegrenzten und Unteilbaren scheinbare Begrenzungen und Teilungen hervorruft.
Sri Yogananda schrieb in seiner *Autobiographie eines Yogi:*
»Man glaube aber nicht, daß nur die Rischis die Wahrheit über Maya gekannt hätten. Die Propheten des Alten Testaments bezeichnen Maya als Satan (auf hebräisch: der Gegner). Satan oder Maya ist der Kosmische Zauberer, der eine Mannigfaltigkeit von

Formen erzeugt, um die Eine formlose Wahrheit zu verbergen. In Gottes planmäßigem Spiel *(Lila)* hat Satan oder Maya nur eine Funktion: den Menschen zu prüfen, ob er sich vom GEIST zur Materie, von der Wirklichkeit zur Unwirklichkeit herabziehen läßt. Christus gab der Maya die drastische Bezeichnung Teufel, Mörder und Lügner. ›Denn der Teufel sündigt von Anfang. Dazu ist erschienen der Sohn Gottes, daß er die Werke des Teufels zerstöre‹ *(1. Johannes 3, 8)*.

Mount-Washington-Zentrum: Internationales Mutterzentrum der *Self-Realization Fellowship (Yogoda Satsanga Society* in Indien), das 1925 von Paramahansa Yogananda in Los Angeles gegründet wurde. Das hügelige Grundstück, von dem man auf die Stadtmitte herabblickt, umfaßt 17 Morgen Land. Im Hauptgebäude der Verwaltung werden die Räume Gurudewa Paramahansa Yoganandas als heilige Stätte bewahrt. Von diesem Mutterzentrum aus verschickt die *Self-Realization Fellowship* gedruckte Lehrbriefe (welche die Lehre Paramahansa Yoganandas enthalten) an die Mitglieder und veröffentlicht auch seine anderen Schriften und seine Vorträge in zahlreichen Büchern und in der vierteljährlich erscheinenden Zeitschrift *Self-Realization.*

Nirbikalpa-Samadhi: Der höchste und unwiderrufliche Zustand der Gottvereinigung *(Samadhi)*. Der erste oder vorbereitende Zustand (durch Trance und Unbeweglichkeit des Körpers gekennzeichnet) wird *Sabikalpa-Samadhi* genannt.

Om oder Aum: Der Ur-Laut, die universale symbolische Bedeutung für Gott. Das OM der Veden wurde zum heiligen Wort Hum der Tibetaner, *Amin* der Mohammedaner und *Amen* der Ägypter, Griechen, Römer, Juden und Christen. *Amen* bedeutet auf hebräisch *sicher, treu. OM* ist der alles durchdringende Laut,

der vom Heiligen Geist ausgeht (der unsichtbaren Kosmischen Schwingung; Gott in Seiner Ausdrucksform als Schöpfer); das »Wort« in der Bibel; die Stimme der Schöpfung, welche die Göttliche Gegenwart in jedem Atom bezeugt. Wenn man die Meditationsmethoden der *Self-Realization Fellowship* übt, kann man das *OM* hören.
»Das sagt, der Amen heißt, der treue und wahrhaftige Zeuge, der Anfang der Kreatur Gottes.« – *Offenbarung 4, 14.* »Im Anfang war das Wort, und das Wort war bei Gott, und Gott war das Wort ... Alle Dinge sind durch dasselbe (das Wort oder *OM*) gemacht, und ohne dasselbe ist nichts gemacht, was gemacht ist.« – *Joh. 1, 1; 3*

Paramahansa: Ein geistiger Titel für jemanden, der Meister seiner selbst geworden ist. Er kann einem Jünger von seinem Guru verliehen werden. *Paramahansa* bedeutet wörtlich »höchster Schwan«. In den heiligen Schriften der Hindus ist der Schwan ein Sinnbild geistiger Unterscheidungskraft.

Sadhu: Jemand, der den geistigen Weg der Selbstdisziplin *(Sadhana)* beschreitet; ein Asket.

Samadhi: Überbewußtsein. *Samadhi* erreicht man, wenn man dem achtfachen Yogaweg folgt, dessen achte Stufe oder Endziel der *Samadhi* ist. Wissenschaftliche Meditation – richtige Anwendung der Yogatechniken, die in alter Zeit von den indischen Weisen entwickelt wurden – führt den Schüler zum *Samadhi*, d. h. zur Gottverwirklichung. So wie sich die Welle im Meer auflöst, so erkennt sich die menschliche Seele als allgegenwärtigen GEIST.

Sat-Tat-OM: Vater, Sohn und Heiliger Geist oder: Gott als transzendentes Kosmisches Bewußtsein *(nirguna*, »ohne Eigenschaften«) in der seligen Leere jenseits der Welt der Erscheinungen; Gott als immanentes Christusbewußtsein in der Schöpfung; und Gott als *OM* (s. d.), die Göttliche Schöpferische Schwingung.

Self-Realization Fellowship (SRF) (zu deutsch: Gemeinschaft der Selbst-Verwirklichung): Eine gemeinnützige, überkonfessionelle, religiöse und pädagogische Organisation, die 1920 von Paramahansa Yogananda in Amerika gegründet wurde. Ihre Schwestergesellschaft in Indien ist die 1917 von Paramahansa Yogananda gegründete *Yogoda Satsanga Society (YSS)*.

Self-Realization-Orden: Der von Paramahansa Yogananda gegründete religiöse *Self-Realization*-Orden. Nach einer angemessenen Schulung können geeignete Anwärter Mönche oder Nonnen des Ordens werden. Sie legen Gelübde der Einfachheit (Unabhängigkeit von Besitz), der Keuschheit, des Gehorsams (Bereitschaft, die vom Gründer Paramahansa Yogananda aufgestellten Lebensregeln zu befolgen) und der Treue ab (indem sie ihr Leben der *Self-Realization Fellowship,* der von Paramahansa Yogananda gegründeten Organisation, weihen). Da Paramahansaji dem Giri-Zweig des von Swami Schankaratscharya gegründeten alten hinduistischen Mönchsorden angehörte, gehören auch alle Mönche und Nonnen des *Self-Realization*-Ordens, die das ewige Gelübde ablegen, diesem alten Orden Schankaras an. (Siehe »Swami«)

Sri Yukteswar (1855–1936): Der große Guru Paramahansa Yoganandas; dieser nannte seinen Lehrer *Jnanavatar*, d. h. »Inkarnation der Weisheit«.

Swami: Angehöriger des ältesten Mönchsordens Indiens, der im 9. Jahrhundert von Swami Schankaratscharya reorganisiert wurde. Ein Swami legt das offizielle Gelübde der Keuschheit und des

Verzichts auf weltlichen Ehrgeiz ab, um sich der Meditation und dem Dienst an der Menschheit zu widmen. Es gibt zehn verschiedene Zweige des Swami-Ordens mit Beinamen wie *Giri, Puri, Bharati, Tirtha, Sarasrati* und anderen. Swami Sri Yukteswar (s. d.) und Paramahansa Yogananda gehörten dem *Giri* (»Berg«)-Zweig an.

Täuschung: Siehe *Maya.*

Veden: Die vier heiligen Schriften der Hindus: *Rig-Veda, Sama-Veda, Jadschur-Veda* und *Atharwa-Veda* Sie umfassen im wesentlichen Gesänge und Rezitationen. Unter den überaus zahlreichen Texten Indiens sind die Veden (von der Sanskritwurzel *vid* = wissen) die einzigen Werke, die keinen Verfasser aufweisen. Der *Rig-Veda* führt die Hymnen auf einen göttlichen Ursprung zurück und berichtet uns, daß sie aus »grauer Vorzeit« stammen und später in eine neue Sprache gekleidet wurden. Die vier *Veden,* die den *Rischis* (»Sehern«) von einem Zeitalter zum anderen offenbart wurden, sollen *nitjatwa* (»zeitlose Gültigkeit«) besitzen.

Wiedergeburt: Die in den heiligen Schriften der Hindus dargelegte Lehre, daß der Mensch immer wieder auf dieser Erde geboren wird. Der Zyklus der Wiedergeburten endet dann, wenn der Mensch bewußt den Zustand eines Gottessohnes wiedererlangt hat. »Wer überwindet, den will ich machen zum Pfeiler in dem Tempel meines Gottes, und er soll nicht mehr hinausgehen.« – *Offenbarung 3, 12.* Kenntnis vom Gesetz des Karmas und seiner natürlichen Folge, der Wiedergeburt, geht aus vielen Bibelstellen hervor.

Die frühchristliche Kirche akzeptierte die Lehre von der Wiedergeburt, wie sie die Gnostiker und zahlreiche Kirchenväter – darunter Klemens von Alexandrien, der berühmte Origenes und der im 5. Jahrhundert lebende hl. Hieronymus – vertraten. Im Jahre

553 n. Chr. bezeichnete man diesen Glauben auf dem Zweiten Konzil von Konstantinopel zum ersten Mal als Irrlehre. Damals glaubten viele Christen, daß die Lehre von der Wiedergeburt dem Menschen zuviel Zeit und Spielraum lasse und ihn daher nicht genügend ansporne, sich sofort um Erlösung zu bemühen. Heute sind viele westliche Denker von der Lehre des Karma und der Wiedergeburt überzeugt, weil sie in ihr das Gesetz der Gerechtigkeit erkennen, das den scheinbaren Ungerechtigkeiten des Lebens zugrunde liegt. (Siehe *Karma*)

Yoga: Wörtlich »Vereinigung« des Menschen mit seinem Schöpfer durch das Üben wissenschaftlicher Techniken, die zur Selbst-Verwirklichung führen. Die drei Hauptwege sind *Jnana-Yoga* (Weisheit), *Bhakti-Yoga* (Liebe) und *Radscha-Yoga* (der »königliche« oder wissenschaftliche Weg, der die Techniken des *Kriya-Yoga* einschließt). Der älteste vorhandene Text über die heilige Wissenschaft sind die *Yoga-Sutras* des Patandschali. Daten über Patandschalis Leben sind unbekannt, obwohl einige Gelehrte das zweite Jahrhundert v. Chr. angeben.

Yogi: Einer, der Yoga übt. Er braucht kein offizielles Gelübde der Entsagung zu leisten; für den Yogi ist kennzeichnend, daß er täglich gewissenhaft wissenschaftliche Techniken übt, die ihn zur Erkenntnis Gottes führen.

Yogananda: Der Mönchsname Yoganandas besteht aus zwei Wörtern und bedeutet: *Ananda* (Glückseligkeit) durch *Yoga* (Vereinigung mit dem GEIST).

Register